用于国家职业技能鉴定

国家职业资格培训教程

YONGYU GUOJIA ZHIYE JINENG JIANDING

GUOJIA ZHIYE ZIGE PEIXUN JIAOCHENG

网络课件设计师

(国家职业资格二级)

编审委员会

主　任　刘　康

副主任　原淑炜

委　员　张际平　杨　平　蔡　新　钱冬明　吴胜利

杨瑛霞　陈　蕾　张　伟

编审人员

主　编　钱冬明　蔡　新

编　者　薛建国　周晶晶　梁　霏　雷　晨　贺正刚

陈　华　沈　涤

主　审　张际平

中国劳动社会保障出版社

图书在版编目(CIP)数据

网络课件设计师：国家职业资格二级/中国就业培训技术指导中心组织编写. —北京：中国劳动社会保障出版社，2008

国家职业资格培训教程

ISBN 978-7-5045-7271-4

Ⅰ. 网… Ⅱ. 中… Ⅲ. 多媒体-计算机辅助教学-软件工具-技术培训-教材 Ⅳ. G434

中国版本图书馆 CIP 数据核字(2008)第 139820 号

中国劳动社会保障出版社出版发行

(北京市惠新东街1号 邮政编码：100029)

出 版 人：张梦欣

*

北京市艺辉印刷有限公司印刷装订 新华书店经销

787 毫米×1092 毫米 16 开本 12 印张 208 千字

2008 年 9 月第 1 版 2008 年 9 月第 1 次印刷

定价：22.00 元

读者服务部电话：010-64929211

发行部电话：010-64927085

出版社网址：http://www.class.com.cn

前　言

为推动网络课件设计师职业培训和职业技能鉴定工作的开展，在网络课件设计师从业人员中推行国家职业资格证书制度，中国就业培训技术指导中心在完成《国家职业标准·网络课件设计师》（试行）（以下简称《标准》）制定工作的基础上，组织参加《标准》编写和审定的专家及其他有关专家，编写了网络课件设计师国家职业资格培训系列教程。

网络课件设计师国家职业资格培训系列教程紧贴《标准》要求，内容上体现"以职业活动为导向、以职业能力为核心"的指导思想，突出职业资格培训特色；结构上针对网络课件设计师职业活动领域，按照职业功能模块分级别编写。

网络课件设计师国家职业资格培训系列教程共包括《网络课件设计师（基础知识）》《网络课件设计师（国家职业资格四级）》《网络课件设计师（国家职业资格三级）》《网络课件设计师（国家职业资格二级）》4本。《网络课件设计师（基础知识）》内容涵盖《标准》的"基本要求"，是各级别网络课件设计师均需掌握的基础知识；其他各级别教程的章对应于《标准》的"职业功能"，节对应于《标准》的"工作内容"，节中阐述的内容对应于《标准》的"能力要求"和"相关知识"。

本书是网络课件设计师国家职业资格培训系列教程中的一本，适用于对二级网络课件设计师的职业资格培训，是国家职业技能鉴定推荐辅导用书，也是二级网络课件设计师职业技能鉴定国家题库命题的直接依据。

本书在编写过程中得到了上海干部在线学习城服务中心、华东师范大学、上海远程教育集团、上海师范大学、上海天映多媒体传播有限公司，以及上海艾克斯网络传播有限公司等单位有关人员的大力支持与协助，在此一并表示衷心的感谢。

中国就业培训技术指导中心

目 录

CONTENTS 国家职业资格培训教程

第 1 章　课件总体设计 …………………………………………（ 1 ）
第 1 节　学习需求与对象分析 …………………………………（ 1 ）
学习单元 1　学习需求分析 ……………………………………（ 1 ）
学习单元 2　学习者初始能力分析 ……………………………（ 7 ）
学习单元 3　学习者特征与学习风格分析 ……………………（ 11 ）
第 2 节　学习目标与内容分析 …………………………………（ 17 ）
学习单元 1　总体学习目标分析 ………………………………（ 17 ）
学习单元 2　学习内容分析 ……………………………………（ 23 ）
第 3 节　课件模式分析 …………………………………………（ 33 ）
第 4 节　课件总体结构设计 ……………………………………（ 39 ）
学习单元 1　课件结构设计 ……………………………………（ 39 ）
学习单元 2　课件内容导航设计 ………………………………（ 43 ）
学习单元 3　课件功能界面设计 ………………………………（ 47 ）
思考题 ……………………………………………………………（ 53 ）
第 2 章　开发与技术分析 …………………………………………（ 54 ）
第 1 节　学习管理系统平台 ……………………………………（ 54 ）
第 2 节　构件技术 ………………………………………………（ 65 ）
思考题 ……………………………………………………………（ 74 ）

第 3 章　课件开发管理 …… (75)
第 1 节　项目成本估算 …… (75)
第 2 节　项目任务分解 …… (83)
学习单元 1　团队建设 …… (83)
学习单元 2　任务分解 …… (95)
第 3 节　项目进度计划管理 …… (104)
学习单元 1　项目进度估算 …… (104)
学习单元 2　项目计划编制 …… (115)
第 4 节　课件开发监控管理 …… (144)
学习单元 1　项目质量管理 …… (144)
学习单元 2　项目配置管理 …… (151)
学习单元 3　项目风险管理 …… (157)
思考题 …… (161)
第 4 章　课件评析 …… (162)
第 1 节　课件评价 …… (162)
第 2 节　课件评价指标与分析 …… (169)
思考题 …… (185)

参考文献 …… (186)

第1章

课件总体设计

第1节 学习需求与对象分析

学习单元1 学习需求分析

学习目标

- 了解学习需求分析的概念
- 了解学习需求分析的内容
- 掌握学习需求分析的步骤和方法
- 能够编写学习需求分析方案

知识要求

1. 学习需求分析概述

(1) 学习需求分析的概念

在教学设计中，学习需求是一个特定概念，指学习者在学习方面的当前状况与被期望达到状况之间的距离，或者说，是学习者已经具备的水平与期望学习者达到的水平之间的差距。差距指出了学习者在能力素质方面的不足，指出了在教学中实际存在和需要解决的问题。这些问题需要通过教育或培训来解决，从而提高学习者能力素质，满足学习需求。学习需求分析的目的就是为了发现教学中存在和需要解决的问题。学习需求分析是界定现实结果和期望结果之间差距的一般过程。

例如，某一教育机构希望90%的学生以85分以上的成绩通过某标准测验，而结果是只有80%的学生达到了85分以上，这就表明还有10%的学生没有达标，弥补之间的差距就是对学生集体而言的学习需求，这也就是教学中要解决的问题。

为了便于对学习需求进行分析，伯顿和梅里尔将学习需求划分为6类，为教学设计者提供了确定所收集信息的类型和将需求如何归类的方法框架。

1）标准需求。标准需求是通过把一个对象与某种既定标准进行比较所确定的差距。教育的既定标准是指国家统一的各种标准测验。

2）比较需求。比较需求是通过把对象组与其他的被认为是规范的学校或机构相比较而确定的差距。

3）感知需求。感知需求是个人认识或体验到的个体行为或者某个对象行为的差距（不足）和对改进的要求，是一种现在行为或技能水平与所渴望行为或技能水平之间的差距。

4）表达需求。表达需求也可以看成是个体要把感知需求表达出来的一种“需求”。教育设计的注意力主要集中在与改进对象行为有关的表达的需求。

5）预期需求。预期需求是指将来理想状态的需求。

6）处理突发事件的需求。

（2）学习需求分析的内容

学习需求分析的目的是为了发现教学中存在和需要解决的问题，其核心不是寻求解决问题的方法，而是发现问题，具体包括以下三方面的工作：

一是通过调查研究，分析教学中是否存在需要解决的问题。

二是分析存在问题的性质，以判断教学设计是否是解决这个问题的合适途径。

三是分析现有的资源及约束条件，以论证解决该问题的可能性。

2. 学习需求分析的步骤和方法

（1）学习需求分析的步骤

肯普等人提出了关于学习需求分析的4个步骤，如图1—1所示。

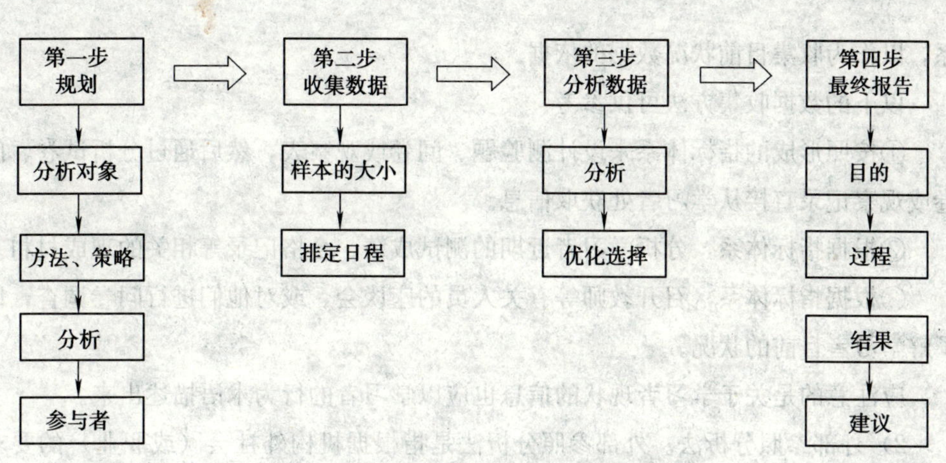

图 1—1 肯普的学习需求分析步骤

1）规划。有效的学习需求分析要特别注意分析对象及其分类。分析对象确定后，就要开始选择收集有关学习需求数据的方法和策略。教学设计者首先应该确定是否每一种类型的需求都要采集数据。收集数据的方法包括问卷、评估量表、面谈、小组会议以及案卷查寻等。在规划的最后阶段要确定收集数据的对象，确定参与学习需求分析的人员。

2）收集数据。收集数据必须要考虑样本的大小和结构。样本必须是每一类对象中具有代表性的个体。此外，收集数据还应包括日程的安排、过程的安排以及分发、收集问卷等工作。问卷一般应达到 75％～85％的回收率。

3）分析数据。教学设计者必须对收集到的数据进行分析，并根据经济价值、影响、某种顺序量表、呈现的频数、时间顺序等对分析的结果予以优化选择和排列。

4）最终报告。这份报告应该包括 4 个部分：概括分析研究的目的；概括地描述分析的过程和分析的参与者；用表格或简单的描述说明分析的结果；以数据为基础，提出必要的建议。

（2）学习需求分析的方法

1）内部参照分析法。内部参照分析法是指用学习者所在的组织机构内部确定的教学目标，即对学习者的期望，与学习者的现状作比较，找出两者之间存在的差距，从而鉴别学习需求的一种方法。通常，在我国普通学校教育中，学校的培养目标体现在各科教学大纲和标准教材里。

由于目标存在于机构内部，所以关于期望的状态只需查阅机构内部的目标方案和访问机构内部的目标决策者就可得到，但要把所期望的状态用学习者可测量的行为术语描述出来。内部参照分析法收集数据的重点是关于学习者目前状态的信息，将期望状态（包括知识、技能和态度等方面）的目标具体化，并形成完备的指标体系，以作为收集目前状况数据的依据。

以下的数据收集方法可供参考：

①按照形成的指标体系来设计测验题、问卷或观察表，然后通过分析试卷、问卷或观察记录直接从学习者处获取信息。

②根据指标体系，分析学习者近期的测试成绩、合格记录等相关的现成材料。

③根据指标体系，召开教师等有关人员的座谈会，或对他们进行问卷调查，以了解学习者目前的状况。

应注意的是关于学习者现状的信息也应以学习者的行为术语描述出来。

2）外部参照分析法。外部参照分析法是指根据机构外社会（或职业）的要求来确定对学习者的期望值，并以此为标准衡量学习者的学习现状，找出差距，从而确定学习需求的一种分析方法。这种方法是以社会目前和未来发展的需要（超前性、需要的科学预测）为标准和价值尺度去分析教育、教学的需要，从而制定出教育、学习的发展目标。我国的职业技术培训学校较多采用外部参照分析法分析教学问题。

由于这种方法的期望值是根据社会需要而制定的，所以首先要收集、确定与期望值相关的社会需求信息。常用的数据收集方法有：

①对毕业生进行跟踪访谈、问卷调查，听取他们对社会需求的感受，以及工作后对学校教育或培训教学的意见和建议，从中不仅可以获得关于社会期望的信息，也可获得学习者现状的信息。

②到毕业生所在的单位进行了解、访谈或问卷调查，了解他们对职工的要求和对毕业生的评价，以了解社会需求和要求改进学校教学的信息。

③到与学习者所学专业相关的工作岗位进行了解、访谈或问卷调查，得到社会对人才能力素质的要求信息。

④深入到工作第一线做现场调研，以获得对人才能力素质需求的第一手信息。

⑤进行专家访谈，了解专家对社会目前及未来发展对人才需求的观点和意见。

关于期望值的确定，上面已提到应反映社会未来对学生的期望信息，这就需要做科学预测。关于预测，德尔菲方法是一种比较有效的方法。德尔菲方法是美国兰德公司首先开发使用的最负盛名的定性预测方法，它是利用多轮匿名函询调查来得到有关未来事件的判断信息。这种方法是一种迭代过程，即这个过程反复进行直到建立起一个聚焦点，或者说问题得到集中与统一。例如，寄给各中学校长一张学习目标清单，让他们根据自己的思考列出目标的主次；然后从第一次调查的结果中筛选出其中最主要的 40 个目标，再寄给校长们，让他们再按主次排列；然后再从第二次调查的结果中筛选出其中最主要的 20 个目标，第三次寄给校长……继续调查下去，直到校长们意见趋于一致，即可获得最重要的那些学习目标。

综上所述，两种学习需求分析方法的主要区别是期望值的参照系不同，以及由此带来的信息收集方法也略有差异。相对来说，内部参照分析法容易操作，省时省力，但无法保证机构内部目标的合理性；外部参照分析方法，操作上比较难，要耗费大量的精力和时间，但能保证所定目标与社会需求直接发生联系，因而有其合理性。在实际运作时，可采取内、外结合的方法，也就是根据外部社会需求调整修改已有的学习目标，并以修改后目标所提出的期望值与学习者的现状相比较，找出差距。

能力要求

如何做好学习需求的分析

某培训机构计划开发“多媒体课件开发人员培训项目”，需要对多媒体课件开发人员的能力素质进行调查分析，以进一步确定课程内容开发与教学实施计划。

工作程序

程序 1　进行调查规划

首先，确定需要分析的对象。根据实践领域的类型，对多媒体课件开发人员进行大致分类：项目管理专家（项目负责人）、学科教学专家（教师）、教学设计专家（课件设计师）、系统结构设计专家（软件工程师）、多媒体素材制作专家、多媒体课件制作专家。

其次，确定收集数据的方法和策略。根据对象的特点，可采用外部参照分析法，主要以问卷的形式向上述六类具有典型性的从业人员及其相应的单位进行调查。进行专家访谈，以了解专家关于社会目前及未来发展对这六类人员的需求的观点和意见。

用德尔斐方法进行调查项的确定、调查的次数和每次调查的范围主要是根据样本的大小、调查结果的集中程度以及项目的经费情况等因素进行综合考虑。一般而言，随着调查的深入，调查的范围会越来越集中。

程序 2　进行数据收集

首先要根据科学性和经济性的原则确定样本的大小和结构，并要求样本必须是每一类对象中具有代表性的个体；其次要安排好数据收集的日程、过程以及问卷的分发和收集工作；最后发放问卷进行数据收集。

程序 3　对数据进行分析

数据收集完成后，对数据进行多元统计分析，得出多媒体开发人员的能力素质需求结构。

程序 4　撰写最终报告

最终报告包括四个部分：分析研究的目的；描述分析的过程和分析的参与者；用表格或简单的描述说明分析的结果；以数据为基础，提出必要的建议。

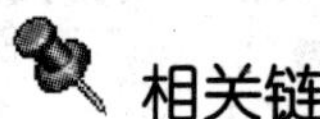

相关链接

问卷设计

1. 问卷的基本类型

问卷的类型主要有三种：图画式、封闭式和开放式。

(1) 图画式：适用于文化层次较低的人。

(2) 封闭式：事先对回答作了限制性规定。

如：您对这种远程学习方式适应吗？是（　）否（　）。

(3) 开放式：事先未对回答作限制性规定，答卷者可自由回答。

如：在学校提供的服务中，哪些您喜欢，哪些您不喜欢，还需要增加哪些服务？

2. 问卷的基本结构

(1) 前言

应说明本次问卷调查的目的、意义、内容简介、关于匿名或保密的保证以及对被访者的要求，一般是要求被访者如实回答问题，最后对被访者的配合表示感谢。本部分还要有实施调查的机构或组织名称、调查时间。

(2) 主体

应包括调查的主要内容，以及一些答题的说明。问卷的主体部分一般又分为两个部分：一部分是被访者的背景资料，如性别、年龄、婚姻状况、收入、学历、专业、职务等；另一部分就是调查的基本问题。对于答题的说明也要写清楚，如怎么写答案、跳答的问题、哪些人不回答等的说明。

（3）结束语

该部分是调查的一些基本信息，如调查时间、地点、调查员姓名、被调查者的联系方式等信息的记录。最后还要对被访者的配合再次给予感谢。

3. 问卷设计的一般原则

（1）题目是课题和假设要测量的变量，整卷显示一个主题，编排恰当。

（2）问卷简短，表述简明，语言规范、准确，易于列表说明、统计分析。

（3）不超出被访者的知识能力范围，不能一题多义。

（4）假设正确，无暗示，无诱导。

（5）不涉及敏感问题，不引起被访者的焦虑。

4. 问卷调查实施的一些技巧

（1）问题顺序的排列。一般把简单易懂、能引起被访者兴趣的问题放在前面；把同类问题放在一起；把开放性问题以及没有备选答案的问题放在后面。

（2）题支可以设计成半封闭半开放式。即在备选题后再加一项“其他”，并要求选这一项的被访者说出内容。

（3）在问卷调查中，尽量不要以行政命令来派发问卷，这样获得的数据往往不真实。

（4）问卷调查时尽量不要他人在场。他人的在场会影响被访者被访问题的真实性。

5. 数据处理

数据处理时要采取科学的统计分析工具，这样才不会浪费数据。

学习单元 2　学习者初始能力分析

学习目标

➢ 了解学习者初始能力的概念

➢ 熟悉学习者初始能力分析的内容

➢ 能够进行学习者初始能力分析

知识要求

1. 学习者初始能力的概念

在教学设计中，学习者的初始能力是指学习者的起点行为或倾向。所谓起点行为或倾向，是指学习者在接受新的学习任务之前，其原有的知识技能、学习习惯、学习方法、学习态度等的准备，也就是学生的原有基础。理论和实践表明，学习者的原有基础是新的学习的内部前提条件，在很大程度上决定着新的学习的成败。

按照布鲁姆“掌握学习”的教学策略原则，学习者必须达到某一单元规定的教学目标的85%以后，才能进行下一单元的学习。其目的就是确保学习者在接受新知识前已具备适当的起点能力和水平。

评定学习者在教学开始之前的知识技能，其目的有以下两个：

（1）明确学习者对于面临的学习是否有必备的行为能力，应该提供给学习者哪些“补救”活动，称之为“预备能力分析”。

（2）了解学习者对所要学习的东西已经知道了多少，称之为“目标能力分析”。

2. 学习者初始能力分析的内容

（1）分析学习者从事新学习的预备技能方面，了解学习者是否具备了进行新的学习所必须掌握的知识与技能，作为从事新的学习的基础。

（2）分析学习者对新学习内容的目标技能的掌握情况。

（3）分析学习者对所学内容的学习态度，检查学习者对所学内容是否存在偏爱或误解等。

3. 确定学习者初始能力的方法

对预备能力的预估通常需要编制一套测试题。教学设计者可以根据经验先在学习内容分析图上设定一个教学起点，将该起点以下的知识技能作为预备能力，并以此为依据编写测试题。通过测验可以表明：哪些方面学习者已经准备就绪，哪些方面学习者需要补习。

对初始能力的预测，有助于在确定教学内容方面做到详略得当。在学习结束时，可以以原定学习目标为基础编写考试题目，来检查学习者达到目标的程度，这样，学习目标与测试题之间就存在一种内在的联系。

能力要求

如何对学习者初始能力进行分析

学习者初始能力也称学习者起点能力，是学习者对进行特定的学科内容的学习已经具备的有关知识与技能的基础，以及对有关学习内容的认识和态度。而通过一定的教学活动以后所形成的学习者能力和培养的态度，则称为终点能力，也称为学习目标。学习者起点能力和终点能力的关系如图 1—2 所示。

图 1—2 学习者起点能力和终点能力关系

了解学习者初始能力，不但能明确规定学习者应如何达到终点能力，还可以确定学习内容的重点和难点。

确定学习者初始能力有以下两种方法：

1. 一般性了解

学习者的初始能力包括预备技能、目标技能和态度 3 个部分。学习者的预备技能和目标技能可以从课程标准、课程计划及学生的测验成绩中得到；学习者的学习态度则可以通过与学习者和教师的谈话获得。

2. 预测

预测是客观、准确地掌握学习者初始能力的重要手段。预测实际上也是一种测验。

（1）进行预备技能测试

1）进行先决技能分析，绘制先决技能分析图。先决技能分析就是把要实现的学习目标按照心理操作过程进行层层分析，从而得到一系列的学习子目标，然后具体分析要达到这一子目标，学生应该知道或者能够做什么，也就是要确定学生在完成终极目标之前需要掌握哪些从属的先决技能。按照它们与学习目标之间的关系画成先决技能分析图，作为编制预备技能测试题的依据。

2）确定教学起点，编制预备技能测试题。按照一般性了解所得到的有关学习者预备技能的大体信息作为教学起点，在先决技能分析图上画出一条起点线，起点线上面的第一个知识点或技能就是教学起点，而起点线以下的全部知识、技能都是假定的预备技能，把它们编写成测试题，就可以检验出学生预备技能的掌握情况。

3）进行预备技能测试，对教学起点进行必要的修改。利用预备技能测试题对学习者进行测试，对测试结果进行分析，以确定教学起点定得是否合适，并进行必要的修改。

(2）进行目标技能测试

对目标技能进行测试的方法是根据学习目标编制一套相应的测试题。学习者可以从考题中了解到将要学习的内容，可以起到激发学习兴趣的作用。

(3）进行态度测试

态度测试的内容一般有：学习目标是否明确；对这门学科是否存在着偏见和误解；对所学内容有无兴趣；兴趣点是否在其他课程上；有没有畏难情绪等。

【案例 1—1】以问卷方式了解中学生对所学数学学科内容的态度。

1. 对于成为一名数学家，我觉得：

(1）毫无兴趣

(2）尚无兴趣

(3）不知道

(4）感兴趣

(5）极感兴趣

2. 在校外，我使用数学的情况是：

(1）从不想用

(2）很少去用

(3）有时使用

(4）经常使用

(5）一有机会就使用

3. 在校外娱乐、阅读、消遣或观看电视时，我使用数学的情况是：

(1）从未有过

(2) 很少会用

(3) 有时使用

(4) 比较经常

(5) 极为经常

在实际的教学系统设计工作中，对于学习者起点水平分析的上述三个方面（预备技能分析、目标技能分析、对待所学内容态度的分析）往往是结合在一起的。

学习单元 3　学习者特征与学习风格分析

学习目标

- 了解学习者的一般学习特征和分析方法
- 熟悉学习风格的概念、类型和影响因素
- 能够进行学习者特征鉴别与学习风格分析

知识要求

1. 学习特征及了解方法

(1) 学习者的一般学习特征

学习者的一般学习特征是指对学习者个体的学习产生影响的心理、生理和社会的特点，包括年龄、性别、知识背景、个人对学习的期望、学习兴趣与动机、工作与生活经历、文化背景等。学习者的一般学习特征只是影响学习的背景因素，尽管它们与学科内容无直接联系，但这些因素还是对学习者学习新知识起着促进或妨碍的作用，并影响教师对学习内容的选择和组织，影响教学方法、教学媒体和教学组织形式的选择与运用。

心理学家皮亚杰将儿童的智力与思维发展分为 4 个阶段：感知运动阶段（0～2 岁）、前运算阶段（约 2～7 岁）、具体运算阶段（约 7～11 岁）、形式运算阶段（约 11～15 岁）。皮亚杰的认知发展阶段学说表明，学习者的认识和思维发展过程都是从具体到抽象的。根据该观点，教学设计中应将具体的事物或概念作为认识抽象事物的基础，引导学习者的思维向抽象的逻辑思维发展。

皮亚杰的认知发展阶段学说的主要研究对象是儿童，对于一般意义上的学习者而言，常用以下四个阶段划分来分析其智能和情感发展的一般特征：

1）小学生。小学生思维具备初步逻辑的或言语的思维特点，这种思维具有明显的从具体形象思维到抽象逻辑思维的过渡性。在教学中要注意引导学生思维从以具体事物表象为主要形式逐步过渡到以言语概念的逻辑思维为主要形式。

小学生在情感方面的自居作用、模范趋向和自我意识有较快的发展，学习动机多倾向于兴趣型，情绪发展的主要矛盾是勤奋与自卑的矛盾，意志比较薄弱，抗诱惑能力差，需要更多外控性的激发、辅助和教导。

2）中学生。在中学阶段，学生的逻辑思维处于优势地位，表现出以下 5 个方面的特征：

①思维的假设性。能按照提出问题、明确问题、提出假设、检验假设的途径，经过一系列抽象逻辑过程来实现解决问题的目的。

②思维的预计性。在复杂的活动前事先采取诸如计划、制订方案和策略等预计因素。

③思维的形式性。思维成分中形式运算思维已逐步占了优势。

④思维的自控性。能反省和自我调节思维活动的进程，使思路更加清晰，判断更为正确。

⑤思维的突破性。中学生的创造性思维迅速发展，追求新颖、独特的因素，追求个性色彩和系统性、结构性。

在情感方面初中阶段和高中阶段有不同的特征。初中学生自我意识逐渐明确，他们富于激情，感情丰富，爱冲动，爱幻想；他们开始重视社会道德规范，但对人和事的评价比较简单和片面；他们在对知、情、意的自我调控中，意志行为日益增多，抗诱惑能力日益增强，但高层调控仍不稳定。高中阶段的学生独立性、自主性日益增强，这些成为情感发展的主要特征；学生的意志行为越来越多，他们追求真理、正义、善良和美好的东西；高层自我调控在行为控制中占主导地位，即一切外控因素只有内化为自我控制时才能发挥其作用。从初中到高中，学生的学习动机也由兴趣型逐渐转向于信念型。

3）大学生。大学生的思维有了更高的抽象性和理论性，并由抽象逻辑思维逐渐向辩证逻辑思维发展。他们观察事物的目的性和系统性进一步增强，并能掌握事物本质属性的细节特征；思维的组织性、深刻性和批判性有了进一步的发展，独立性更为加强；注意力更为稳定，集中注意的范围也进一步扩大。

大学生在情感方面已有更明确的价值观念，社会参与意识很强，深信自己的力量能加速社会的进步与发展；学习动机倾向于信念型；自我调控也已建立在日趋稳定的人格基础上。

4）成人学习者。成人学习者一般具有 5 个特征：学习目的明确；实践经验丰富；自学能力较强；参与教学决策和注重教学效率。

（2）获得学习者特征的方法

1）访谈。包括对学习者本人以及对学习者的教师、班主任、家长、同学的访谈。

2）观察。利用观察表对学习者的学习活动和与他人交往等方面进行观察记录。

3）问卷调查。通过对学习者或与学习者有关人员填写的问卷进行分析，获得相关信息。

4）文献调研。查阅有关研究学习者智力、技能、情感等一般特征的文献。

2. 学习者学习风格的分析

在学习情境中，每一个学习者都由自己来感知信息，对信息做出处理、储存和提取等反应。而学习者之间存在着生理和心理上的个体差异，不同学习者获取信息的速度不同，对刺激的感知及反应也不同。为了使教学符合学习者的特点，需要进行学习者学习风格的分析。

（1）学习风格的概念

学习风格是学习者持续的、带有个性特征的学习方式，是学习策略和学习倾向的综合。这里的学习策略指学习方法，而学习倾向指学习者的学习情绪、态度、动机、坚持性以及学习环境、学习内容等方面的偏爱。学习风格具有稳定性、个别差异性和独特性等特点。学习风格的构成有以下 3 个层面：

1）生理要素。生理要素主要指个体对外界环境中的生理刺激（如声、光、温度等）、一天的时间节律以及在接受外界信息时对不同感觉通道的偏爱。

2）心理要素。心理要素包括认知、情感和意志动机三方面。

3）社会要素。社会要素包括个体在独立学习与结伴学习、竞争与合作等方面所表现出的特征。

（2）学习风格的类型

学习风格的分类方式有许多种，经典的有格雷戈克分类、考伯分类、劳特斯分类和威特金分类等，下面以考伯学习风格分类为例简要介绍。

考伯将学习者的学习风格划分为善于想象、善于调和、善于逻辑推理、善于吸收这四种类型，见表1—1。

表1—1　　考伯学习风格分类的比较

学习风格	善于想象	善于调和	善于逻辑推理	善于吸收
知识获取方式	事实信息的收集	在活动中尝试、测试	谨慎、系统化地获得知识	系统研究的想法、理论及过程
转换方式	思考，讨论，分类，价值，判断	试误及观察	测试、尝试并应用实际情境	叙述，概念化，通则化，图表化
优点	想象力佳	重视操作能力	面对挑战能迅速发现答案	了解逻辑知识
特色	多方吸收找出通则以推论，情绪化，偏执	有实际经验	精于合理演绎、决定问题及下决策	不喜欢实际应用
学习喜好	喜欢找出问题的原因或理由；关心知识的背后原因及知识的用途；喜欢启发性较高的授课方式，或诱发动机的故事；喜欢双向式的沟通或分组讨论；喜欢观察，相信感官直觉	喜欢假设问题可能的答案；喜欢开放式没有规定题目或标准答案的习题和实验；喜欢上台演讲；容易适应环境；喜欢用直觉；喜欢操作	喜欢找出实际的方法来处理问题；喜欢自行演算习题或亲手做实验；喜欢主动求证，解决理性的问题	喜欢归纳；喜欢抽象的表述，如传统教学的讲授法；喜欢通过阅读教材来获得知识或看老师解题；喜欢逻辑思考
适合的学科	艺术、英语、历史、心理	商业、管理	理工科、体育	经济、数学、社会、化学

1）善于想象的学习者喜欢吸收具体的信息进行思维加工，并把他们看到的进行概括。

2）善于调和的学习者感知具体信息并积极地加工，他们是感觉者、试探者和操作者。

3）善于逻辑推理的学习者从经验中抽象出信息并进行积极加工，他们从一个观念出发，然后通过试验验证它。

4）善于吸收的学习者则从抽象的概念出发进行思维加工，他们边思考边看。

各种学习风格都有自身的优缺点，无绝对优劣之分。承认、尊重学生学习风格存在差异，并因材施教，因风格而教，才能促进学生个性全面、和谐的发展。

（3）影响学习风格的因素

近年来，以控制点作为影响学习者学业成就的一种人格因素日益受到重视。所谓控制点是指人们对影响自己生活与命运的因素的看法，一般分为内部控制与外部控制。具有内部控制特征的人相信，自己所从事的活动及其结果是由自身具有的内部因素决定的，自己的能力和所作的努力能控制事态的发展；具有外部控制特征的人认为，自己受命运、运气、机遇和他人的控制，是这些外部的、且难以预料的因素主宰着自己的行为结果。一般说来，内部控制者具有较高的成就动机，外部控制者的成就动机相对较低。由于内部控制者把学业上的成功归因为自身的能力和勤奋，因此，成功将会给他们带来更多的鼓励，并进一步提高他们的学习信心，失败则是需要付出更大努力的标志，他们对待困难学习任务的态度是积极的，常选择适合自己能力的、适度的学习任务；相反，外部控制者把学习成败归因于外因，缺乏自信，在学习活动中表现出无能为力的态度，学习上的成功或是采用鼓励等强化方式并不能增加他们的努力，他们不能适时改变自己的行为以选择合适的学习任务。

同时，焦虑水平与教学处理也存在相互作用。所谓焦虑，在心理学上是指个体对某种预期会对他的自尊心或自身利益构成潜在威胁的情境所产生的担忧反应或反应倾向。对焦虑水平不同的学习者，宜采用不同压力水平的教学和测验；对于低焦虑水平的学生，适宜采用有较大压力的教学和测验，以促使他们的动机水平提高；对于高焦虑水平的学生，宜采用压力较低的教学和测验，以降低他们的动机唤醒水平，使之由高趋向中等，这样处理可以取得较好的学习效果。焦虑水平与教学处理的这种相互作用效果已为实验所证实。

另外，呈现冲动与沉思性格特征的学习者在学习上存在差异。沉思型的学习者在有几种可能解答的问题情境中，倾向于深思熟虑而错误较少，而冲动型的学习者则倾向于很快做出反应和检验假设，因此常常不够准确。冲动与沉思涉及在很不确定的情境中，个人对自己解答有效性的思考程度。相比之下，沉思型学习者在阅读、推理测验和创造设计中表现突出，而冲动学习型阅读困难，学习成绩不理想，学习能力较差。

(4) 学习风格种类与具体类型

美国教学技术专家克内克等人于 1986 年提出的有关学习风格的内容及其分类框架比较简明，有较强的可操作性。克内克等人指出，教学设计者为了向学习者提供适合其特点的个别化教学，最好能掌握表 1—2 中的有关学习者的情况。

表 1—2　　学习风格种类与具体类型

学习风格种类	具体类型
信息加工的风格	用归纳法呈示教材内容时，学习效果最佳 喜欢高冗余度 喜欢在训练材料中有大量正面强化手段 喜欢使用训练材料主动学习 喜欢通过触觉和“动手”活动进行学习 喜欢自定学习步调

续表

学习风格种类	具体类型
感知或接受刺激所用的感官	通过动态视觉刺激学习效果最佳 喜欢通过听觉刺激学习 喜欢通过印刷材料学习 喜欢多种刺激同时作用的学习
感情的需求	需要经常受到鼓励和安慰 能自动激发动机 能坚持不懈 具有负责精神
社会性的需求	喜欢与同龄同学一起学习 需要得到同龄同学经常性的赞许 喜欢向同龄同学学习
环境和情绪的需求	喜欢安静 希望有背景声或音乐 喜欢弱光和低反差 喜欢视觉上的隔离状态

能力要求

如何对学习者特征进行鉴别及对学习风格做出诊断

1. 学习者特征鉴别

对学习者特征进行鉴别，一般是在皮亚杰的认知发展阶段学说（主要针对儿童）和学习者一般特征分析（针对一般学习者）的基础上，利用观察、访谈、填写学生情况调查表和开展态度调查，查阅学习者的学习档案等方法，来了解学习者特征。可以根据具体情况选择适合的方法。

2. 学习者学习风格诊断

测定学习者学习风格一般有以下两种做法：

第一种是按照学习风格的具体内容（主要根据克内克等人的学习风格内容），设计一个调查量表，这样可以给平时还没有注意到自己学习风格的学生提供一些线索，使他们从中选择答案，了解自己的学习风格。以下是一个学习风格量表的例子：

请根据自己的实际情况，在适合自己的项目后面的括号内画“√”：

• 喜欢自己安排学习进度。(　　)
• 喜欢在上课时有动手操作的机会。(　　)
• 喜欢通过视觉刺激（如电视、电影）学习。(　　)
• 喜欢通过听觉刺激（如听讲、录音）学习。(　　)
• 喜欢通过书本学习。(　　)
• 需要经常受到鼓励和安慰。(　　)
• 能自动激发动机。(　　)
• 能坚持不懈。(　　)
• 喜欢与同学们一起学习。(　　)
• 喜欢一边听音乐一边做作业。(　　)
• 喜欢在空气清新、环境幽雅的室外学习。(　　)
……

第二种是设计一个征答表，让学生陈述意见，以表明自己的学习风格。

在实际的分析当中，通常是将两种方法结合起来使用，即前半部分是调查量表，启发学生选择适合于自己的答案，后半部分则采用征答表的形式，让学生适当补充调查表中没有提及的问题。

第 2 节　学习目标与内容分析

学习单元 1　总体学习目标分析

学习目标

➢ 了解学习目标的类型
➢ 了解学习目标分析的意义
➢ 掌握学习目标分析的方法
➢ 能够进行学习总体目标的设计与编写

知识要求

1. 总体学习目标分析概述

(1) 学习目标的类型

学习目标（或教学目标）也称为行为目标，是对学习者通过教学以后能做什么的一种明确表述，即具体表明学习者行为或能力的变化。总体学习目标是作为统贯教学活动全局的一种指导思想而存在的，它是教学领域里为实施教育目的而提出的一种概括性的总体要求，它所把握的是教学的发展趋势和总方向。

国内外的许多学者先后提出了各种不同的学习目标分类理论，这里仅介绍影响较大、运用较多的两种学习目标分类理论。

1）布鲁姆的教育目标分类。布鲁姆的教育目标分类被公认为最有权威的教育目标理论之一。在布鲁姆教育目标分类结构中，将全部教育目标分成三大领域：认知领域、情感领域、动作技能领域。每个领域中的教育目标又被分成不同的层次或类型。布鲁姆的教育目标分类是对学习者学习结果的分类，目标的层次是由简单到复杂进行排列，并使用操作性的行为术语进行行为界定。

①认知领域。按照从简单到复杂的顺序将认知领域的教育目标分为具有连续性的 6 个层面，每一层面的目标都是所有低层次的目标及行为的延伸与发展。它们分别是：知道（knowledge）、领会（comprehension）、运用（application）、分析（analysis）、综合（synthesis）、评价（evaluation）。

②情感领域。布鲁姆将情感领域的目标按照由低到高分为 5 级，其依据是价值内化的程度。它们分别是：接受（receiving）、反应（responding）、价值评价（valuing）、组织（organizing）、性格化（characterizing）。

③动作技能领域。布鲁姆的动作技能领域的目标以发展学生的肌肉力量和协调性为基本目标，他将动作技能由简单到复杂分为 6 个级别：反射运动、基础生理活动、感知能力、身体运动能力、运动技能、综合运动能力。其中，反射运动和基础生理活动是随着身体发育而自然形成的，不是习得的技能，因此不属于教学目标。

2）加涅的学习结果分类。美国心理学家加涅提出的 5 类学习结果分类方法，被公认为最有权威的学习目标之一。加涅根据学习结果的特点，提出把学习结果分为言语信息、智力技能、认知策略、动作技能和态度 5 种类型。

加涅的理论将学习分成了不同的等级，指出了不同层次和不同类型学习之间的关系，为教学目标层次的划分和教学目标顺序的安排提供了依据，为组织教学内容提供了框架。更重要的是，加涅在对学习进行分类的同时，指出了不同类型的学习需要不同的内部条件和外部条件。学习的内部条件主要指学习者的认知能力和态度；外部条件则由教学提供。在确定教学目标时，需要同时考虑学习的外部条件和学习者的内部条件；加涅强调要设计多重教学（学习）目标。他认为，一般的教学活动很少有单个的教学目标。

布鲁姆的教学目标分类系统为学习结果的测量和评价提供了可以操作的各层次的具体标准，有利于指导学习结果的测量和评价。但是，该分类系统中并未涉及到知识和技能的本质，并未阐明知识和技能是如何习得的，不适宜用来指导学习和教学。加涅的学习结果分类不仅有助于学习结果的测量和评价，还可以指导教学方法的选择以及学生的学习。

西方教育心理学界认为，布鲁姆的教育目标分类系统和加涅的学习结果分类系统都是指导学习目标设计的很有实用价值的学说。

教学设计中应至少用到两类目标：学习结束时应该达到的目标和学习过程中必须达到的多个阶段目标。前者称之为终点目标，或总体学习目标，后者称之为使能目标，或子目标。总体目标是针对某个课程（或教学单元）内容的整体提出的要求，是比较概括和原则性的，而不是具体的。对于复杂的教学活动来说，要使总的要求落实到整个教学活动体系的各个部分中去，就必须对实际的教学活动做出具体的规定，按照学习结果的分类和学习的信息加工的层次设计出可以操作、可以实现的具体学习目标，以便贯彻教学活动，实现学习和检验学习成果，这些具体的学习目标就是“学习子目标”。

（2）总体学习目标分析的意义

学习目标既是教学活动的出发点，也是教学活动的归宿，是教学过程中一个不可缺少的组成部分。学习目标对教学实践活动具有指导作用，它是完成教学任务所应达到的要求或标准，也是对要求学生达到的学习结果或最终行为的明确阐述。学习目标应力求明确、具体、可以观察和测量。

因此，对总体学习目标进行分析，确定各级子目标及其之间的关系，有利于保证教师对教学活动全过程的自觉控制，有利于保证教学评价的科学性，有利于激发学习者的学习动机，有利于教师评鉴和修正教学的过程，也有利于课程资源和教学软件的设计与开发。

2. 学习目标分析的方法

进行学习目标分析，首先要确定学习目标的类型，然后对学习目标进行深入分析，确定并顺序化达到目标的主要步骤以及达到目标的从属技能与入门技能。

(1) 确定学习目标的类型

确定学习目标类型就是根据学习目标的表述，按照言语信息、智慧技能、认知策略、动作技能和态度五大学习结果的分类来区分学习任务。对于学生来说，不同类型的学习任务需要的智力水平不同，付出的努力程度也不相同；而对于教师来说，提供给学生的学习条件不同，所需要的教学策略就不同，测试学生学习结果的方法也不相同。因此，学习目标分析有必要从确定这些具体目标的学习类型开始，其方法就是前面所介绍的学习结果的分类方法。

(2) 确定总体学习目标及顺序化达到目标的主要步骤

在确定目标类型后，还需要对各种类型的目标进行深入分析，以确定要实现的总目标和总目标所需完成的具体教学要求和教学步骤，即“学习子目标”。学习目标分析常采用的步骤是从总目标开始，然后“由上到下”“按部就班”分析确定达到总目标的一系列前提条件，并把它们作为按分类层次建立起来的、系统的信息加工目标和使能目标。

对学习目标进行分析，一般可以达到两个目的：一是可以根据既定学习者的起始能力来确定教学内容的起点；二是可以根据最低的学习子目标，来确定该课程适合哪些学习者。因此，学习目标的分析，对课程内容的选择与编排有着重要的指导意义。

(3) 确定达到目标的从属技能与入门技能

在确定并顺序化达到目标的主要步骤和各级子目标之后，还需要确定达到目标的从属技能与入门技能。目标的实现，通常用行为变化来进行考量，即确定学习者在进行学习之后能够做什么，表现出具有什么样水平的技能。技能的分析与描述有助于我们有效地指导和开展教学活动，有助于有效指导教学的测量与评价。

如何设计与编写总体学习目标

1. 学习目标的设计

学习目标的设计主要包括两个方面的工作：一是确认学习目标的分类，二是制定可以操作的学习目标和编写评价学习目标的材料。

(1) 确认学习目标的分类

对学习目标进行设计，首先确认学习目标的分类。一般按照言语信息、智慧技能、认知策略、动作技能和态度五大学习结果来进行学习目标分类。

(2) 制定可以操作的学习目标

学习目标应是可观察、可测量的。通常采用“ABCD”方法（详见本能力要求的“学习目标的编写”）来表述学习目标，制定可以操作的学习目标，要注意以下几点要求：

1）学习目标的行为主体须是学习者，而不能是教师。

2）学习目标必须用教学活动的结果而不能用教学活动的过程或手段来描述。

3）学习目标的行为动词须是具体的、可观察的，而不能是抽象的。

(3) 编写评价学习目标的材料

学习目标编写完成以后，就开始编写评价学习目标的材料，其目的为：一是可以保证评价材料的内容与目标的匹配；二是编写目标之后就编写评价材料比较容易。评价学习目标的材料，通常采用的形式是测试题目，目标中的条件和标准在测试题目中都要得到考虑。

测试题包括 3 种形式：回忆性题目、识别性题目和结构化回答题目。回忆性题目要求学生简单地再现教学中呈现过的知识，可以逐字逐句地重复，也可以用自己的语言释意性地陈述知识，如填空题、简答题等形式；识别性题目要求学生从一组可选择答案中识别或鉴别出正确的答案，如选择题、配对题、是非判断题等形式；结构化回答题目要求学生确实地产生或建构一个答案，这个回答包括在现场情形中观察到的行为、模拟中的行为或书写的回答，以及用笔纸测验的书写答案，如问答题、作文、动手实验等形式。

2. 学习目标的编写

编写学习目标常用的方法主要有两种：一是“ABCD”方法，二是内外结合方法。

(1)“ABCD”方法

结合美国心理学家马杰行为主义心理学观点，再加上对教学对象的描述，即为编写学习目标的“ABCD”方法：

A——对象（Audience），即应阐明教学对象。

B——行为（Behavior），即应说明通过学习以后，学习者应能做什么（行为的变化）。

C——条件（Condition），即应说明上述行为在什么条件下产生。

D——标准（Degree），即应规定达到上述行为的最低标准（即达到所要求行为的程度）。

编写学习目标的一般步骤是：首先以行为动词开始，描述由学习者完成的动作或活动；在行为动词后面接着描述学习课题的内容；如果目标需要达到一定的量值，则可在可测量的项目内容下加上所要达到的最低标准，作为学生必须达到的目标底线。为了建立评分的依据，还要加上进行学习的条件和所要达到的行为标准。

下面几个学习目标实例中均包含了上述“对象”“行为”“条件”和“标准”等四个要素：

1）提供10个有关第二次世界大战原因的是非判断题（条件），大学一年级学生（对象）应能判断正误（行为），其中9道题正确为合格（标准）。

2）历史系二年级的学生（对象）阅读所布置的7篇材料后（条件），能撰文对两个文明世界的文化进行比较（行为），至少列举每种文化的5个特征（标准）。

（2）内外结合方法

“ABCD”方法过分强调行为结果，忽视了内在的心理过程。而在具体的教学实践中，许多心理过程无法行为化，尤其是情感目标，更难以用可以观察和测量的术语进行描述。因此，运用内外结合表述学习目标的编写方法来弥补这一缺陷。

格伦兰提出用描述内部心理过程的术语来表述学习目标，以反映理解、运用、分析、创造、欣赏、尊重等内在的心理变化，然后列举反映这些内在变化的例子，从而使这些内在心理变化可以观察和测量。这就是用内部过程与外显行为相结合来描述学习目标的方法。格伦兰的方法强调列举出能力方面的例证，既避免了用内部心理特征表述目标的抽象性，也防止了行为目标的机械性与局限性。

3. 情感学习目标的编写

情感学习目标在教育中占有重要地位，如培养学习者的某些态度，建立起一定的观念，养成一定的好习惯，形成高尚的道德品质等。为情感领域的教学编写具有可观察性、可测量性特点的学习目标是非常困难的。通常只能通过学习者的言行表现来间接推断学习目标是否达到，即把学习者的具体言行看成是思想意识的外在表现。

情感学习目标的编写可采用类似内外结合的表述方法。马杰把学习者的肯定、积极的表现称为接近意向，把消极的表现称为回避意向。提出情感学习目标中的主体要求较容易，但从哪些具体方面来判断目标是否达到，则需要学科教师和教学设计者共同研究。可以从以下几个方面来测量学习者的接近意向：

（1）学习者表示喜欢这类活动。

（2）在各种活动中，学习者选择参加这类活动。

（3）学习者带着热情参加这类活动（愿承担义务，遵守有关规定等）。

（4）学习者很有兴趣与他人讨论这类活动。

（5）学习者鼓励他人参加这类活动。

情感学习目标有了这些具体的行为指标作为判断依据，其可操作性就加强了。在表述具体的行为时，应尽可能采用可观察、甚至可测量的行为动词。

例如，以“培养学生热爱集体”为学习目标，由于“热爱集体”是一种态度，难以直接评价、判断，我们可以通过对以下几个方面具体行为的观察，来判断学生是否“热爱集体”：

- 积极参加集体组织的各项活动。
- 主动参加教室的卫生工作。
- 积极承担班委会布置的任务。
- 支持有利于集体利益的建议。
- 帮助学习有困难的同学。

在这些具体的言行上，当学习者有积极持久的表现时，就说明他们树立了集体观念；如表现出消极或反对的情绪，则说明学生可能没有培养起热爱集体的态度。

学习单元 2　学习内容分析

学习目标

- 了解学习内容整体分析的概念
- 了解学习结果分类的方法
- 掌握学习内容分析的过程和基本方法
- 能够进行学习内容分析与编排

知识要求

1. 学习内容整体分析概述

学习内容是指为了实现学习目标，学习者需要系统学习的知识、技能和行为规范的总和。分析学习内容的工作以总体学习目标为基础，旨在确定学习内容的范围、深度，揭示学习内容各组成部分的联系，确定学习内容的信息加工过程、学习的层次和实现学习的各种前提条件，为教学策略等设计奠定基础。学习内容的范围指学习者必须达到的知识和能力的广度，深度规定了学习者必须达到的知识深浅程度和能力的质量水平。明确学习内容各组成部分的联系，可以为教学顺序的安排奠定基础。

学习内容分析指在开始教学活动之前，预先对学习目标中规定需要学生形成的能力（或品格），及以能力的构成层次进行深入细致的分析，并依据分析确定有效地学习这些能力（或品格）的教学条件，揭示终点目标得以实现的条件。学习内容分析的结果需表明：学习完成之后学生必须知道什么，能做什么；学生为了达到这样的目标，需要哪些先决知识、技能和态度，以及学科内容的结构及最佳的教学顺序等。

（1）学习结果分类

学习结果可以按照布鲁姆提出的“认知、技能和态度”分成3个领域，也可以按照加涅提出的5种学习结果“言语信息、智力技能、认知策略、动作技能和态度”分成5类。这两种分法中，由于加涅的言语信息、智力技能、认知策略与布鲁姆等人的认知领域是一致的，所以两种分法大体相同的。加涅的学习结果分类更为侧重于学习的信息加工心理过程，而布鲁姆等人的学习分类则侧重于对学习的评价。

一般来说，教学设计常采用加涅提出的学习结果分类。不同类型学习内容所需的学习条件、信息加工方式乃至评价方法都各不相同；因此，学习结果分类理论对于目标的分解细化和对不同学习类型的信息加工分析都是纲领性的，对学习内容分析具有重要的意义。

（2）学习内容分析过程

学习内容分析的一般过程可依据加涅的5种学习结果分类：

1）确定学习目标类型。按照加涅的5种学习结果分类将学习总目标分解为5类内容的学习子目标。

2）进行信息加工分析。以学习目标和学习者初始能力为依据，逐步分析列出一系列的信息加工内容和学习子目标，从学习的终端状态（学习目标）一直延续到学习者的起点状态（学习者初始能力）。

3）进行使能目标和支持性条件分析。鉴定从学习起点到终点之间所必须掌握的先决条件，包括使能目标（必要条件）和支持性条件两类。在实际分析过程中，一般是从终点目标出发，一步一步揭示其使能目标，一直到学习者的起点状态为止，从而分析清楚起点状态、使能目标、终点目标及其类型和它们的先后顺序，为教学步骤和方法的确定提供科学的依据。

有效的学习除了使能目标之外，还需要支持性条件。它是学习中的“催化剂”，有助于加速或减缓新的学习的进行，如认知策略、时间毅力、学习动机与态度等。

4）组织学习内容。依据确定了的具体学习内容的逻辑结构和学习理论，对内容进行科学的安排和组合。

5）进行初步评价。初步评价是一种形成性评价，用于考察选择和组织的学习内容的效度和对学生的适合性。所谓效度，是指学习内容能否为实现总的学习目标服务，避免在无关内容上花费时间与精力，使学习需要、学习目标、学习内容及教学评价四方面保持一致，从而保证教学的效果和效益。

(3) 学习内容分析的基本方法

分析学习内容的基本方法有归类分析法、图解分析法、层级分析法、信息加工分析法等。

1）归类分析法。归类分析法是研究对有关信息进行分类的方法，旨在鉴别为实现学习目标所需学习的知识点。归类分析法用图示或列提纲的方法，把实现学习目标所需学习的知识归纳成若干方面，从而确定教学内容的范围。

例如，对“指出细胞化学成分”学习目标的分析，如图 1—3 所示。

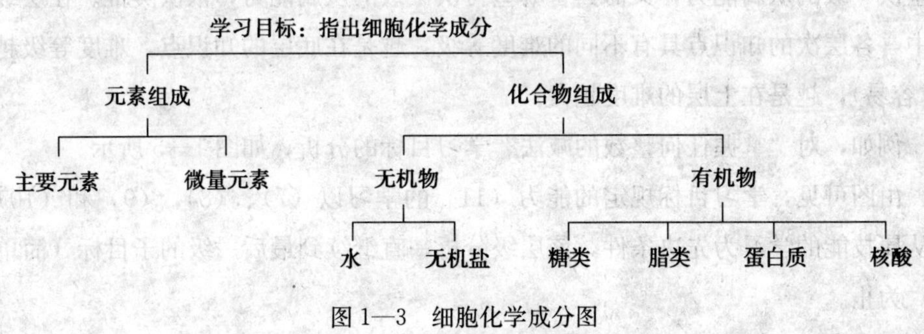

图 1—3　细胞化学成分图

从形式上看，归类分析法与层级分析法相似，但在归类分析法中，各知识点之间本质上不存在难度的层级关系。

2）图解分析法。图解分析法是一种用直观形式揭示教学内容要素及其相互联系的内容分析方法，用于对认知教学内容的分析。图解分析的结果是简明扼要、提纲挈领地从内容和逻辑上高度概括教学内容的一套图表或符号。这种方法的优点是：使分析者容易觉察内容的残缺或多余部分，以及相互联系中的割裂现象。

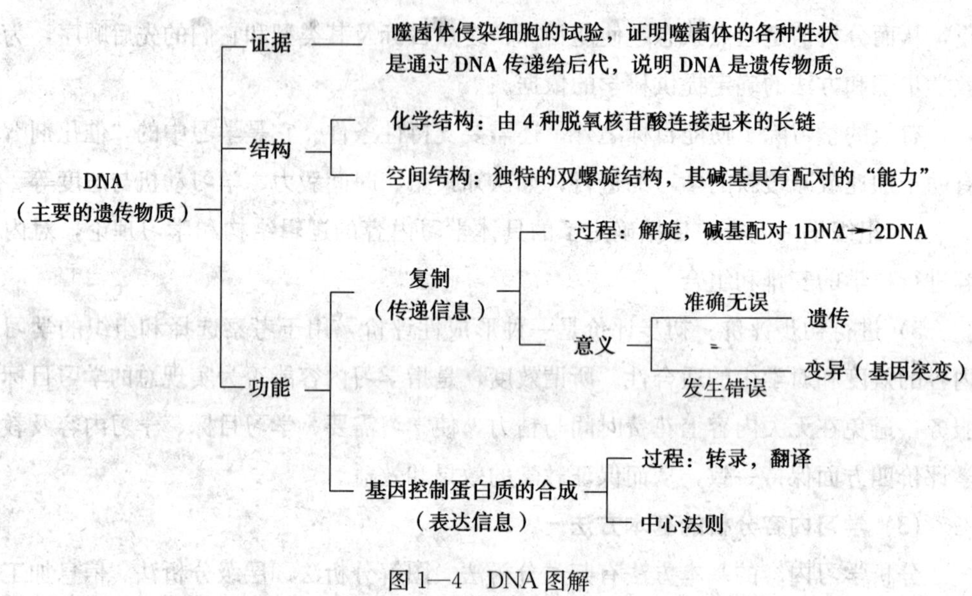

图 1—4　DNA 图解

例如，关于“DNA 是主要遗传物质”的图解法分析，如图 1—4 所示。3）层级分析法。层级分析法是一种用来揭示学习目标所要求掌握的从属技能的内容分析方法。层级分析法采用逆向分析的方式，从已确定的学习目标开始考虑，要求学习者获得学习目标规定的能力，包括他们必须具有哪些次一级的从属能力，而要培养这些次一级的从属能力，又需具备哪些再次一级的从属能力，依次类推。在层级分析中，各层次的知识点具有不同的难度等级：越是在底层的知识点，难度等级越低（越容易），越是在上层的难度越大。

例如，对“掌握任何整数的减法”学习目标的分析，如图 1—5 所示。

由图可见，学习目标规定的能力（11）的学习以（7），（8），（9）和（10）4 项从属技能的学习为先决条件，该层级分析一直继续到最后一级的子目标（简单减法）为止。

4）信息加工分析法。信息加工分析法是将学习目标要求的心理操作过程揭示出来的一种内容分析方法。用信息加工分析法能够清晰地说明当学习者掌握了学习目标规定的技能以后，将能够做什么。

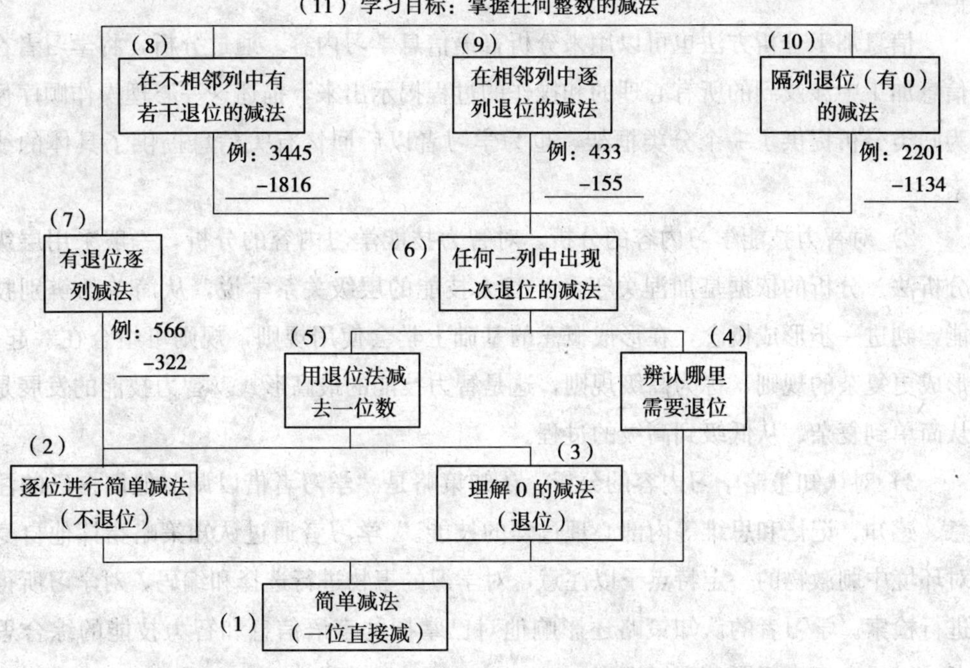

图 1—5　整数减法示意图

例如，对“求算术平均数的计算过程”进行分析，如图 1—6 所示。

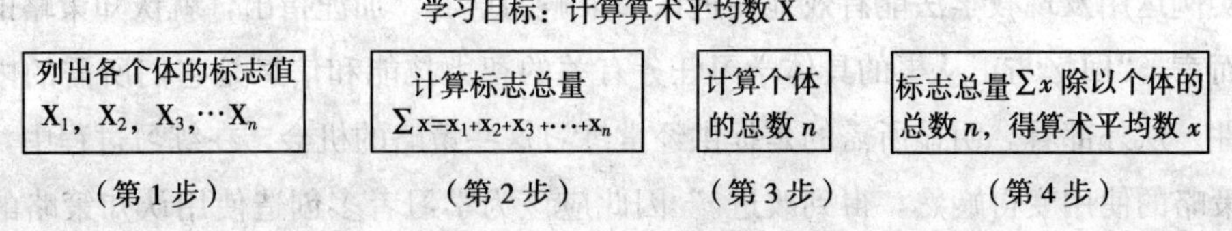

图 1—6　计算算术平均数步骤图

在许多教学内容中，完成任务的操作步骤不是按“1→2→3→…→n”的线性程序进行的。当某一步骤结束后，需根据出现的结果判断下一步怎么做。在这种情况下，就要使用流程图表现该操作过程。流程图除直观地表现出整个操作过程及各步骤以外，还表现出其中一系列决策点及可供选择的不同行动路线。

(4) 各类学习内容的分析

1）对言语信息学习内容的分析。对言语信息学习内容的分析，一般可采用归类分析法和图解分析法。言语信息分析不仅要鉴别实现学习目标所需学习的知识点，还要研究对有关信息进行最佳分类。学习者获得言语信息后，通常是以内在组织的形式储存的。通过内容分析对信息进行分类，加以系统组织，将有利于学习者记忆。

信息加工分析方法也可以用来分析言语信息学习内容。通过分析，将学习者在信息加工中涉及到的所有心理的和操作的过程揭示出来，描述这一心理操作顺序便为归类分析提供了一个分类框架，也为学习者以后回忆有关信息提供了具体的线索。

2）对智力技能学习内容的分析。对智力技能学习内容的分析，一般采用层级分析法。分析的依据是加涅关于各类智力技能的层级关系学说，从简单的辨别技能，到进一步形成概念，在形成概念的基础上学会使用规则，规则可组合在一起，形成更复杂的规则，称为高级规则，这是智力技能的最高形式。智力技能的发展是从简单到复杂、从低级到高级的过程。

3）对认知策略学习内容的分析。认知策略是“学习者借以调节他们自己的注意、感知、记忆和思维等内部心理过程的技能。”学习者通过认知策略指挥他自身对环境中刺激物的一定特点予以注意，对学习的事物进行选择和编码，对学习所得进行检索。学习者的认知策略还影响他对已掌握的言语信息和智力技能的综合思考，以提出解决问题的高级规则。

认知策略虽与具体的学科内容无关，但它的培养却以具体学科内容的学习为基础的。认知策略的学习应与教材内容相结合，与解决问题的技能的学习相结合。结合实例运用发现教学法能有效地促进认知策略的培养。加涅指出，就认知策略的学习而言，“回忆与正从事的具体学习任务有关的智力技能和信息是它们所需的内部条件。从外部看，明显所需的是提供经常练习这些策略的机会，在练习过程中，认知策略的使用变得娴熟，得到改进。”因此应该为学习者多创造使用认知策略的问题情境，并设计相应的练习。

4）对动作技能类学习内容的分析。动作技能类学习内容的学习往往与认知学习交织在一起。没有相应的知识结构，动作技能是不能学好的。同时，要认识到动作技能学习中学习者知觉因素的重要性和协调能力的关键作用，它不是简单的外显反应，而是受内部心理过程控制的，故又称“心理运动技能”。根据动作技能的这一特点，对这个领域学习内容的分析，不仅要剖析学习目标所要求掌握的各项从属动作技能，揭示它们之间的联系，还要列出学习这些动作技能所需掌握的相应知识，包括某种技能的性质、功用，动作的难度、要领、注意事项及进程等。

在学习有关动作技能所必须掌握的认知内容时，可运用信息加工分析方法在有关技能步骤上进行表示。动作技能学习内容经过具体分析后，较难的动作被分解为一系列较小的学习步骤，并安排了合适的顺序，便于学习者循序渐进地学习。

5）对态度类学习内容的分析。当学习目标是使学习者形成先前未有的态度，或改变现存的积极的或消极因素的态度，这就是要求学习者从事一项态度的学习任务。从学习内容分析的角度来看，要研究的是为了达到使学习者形成或改变态度的学习目标，学习者应学习什么？心理学研究已揭示：态度包括认知成分、情感成分和行为倾向成分。目前教学设计实践中，一般从两方面分析态度学习内容：一是分析当学习者形成或改变态度后（表现出学习目标所要求的态度时）的行为变化；二是分析学习者对培养这种态度的认识，即让学习者明白培养这种态度的意义。

2. 学习内容的选择与组织

(1) 学习内容的选择

学习内容有一定的结构层次，一般来说，可以将学习内容划分为课程（指狭义的课程）、单元和项目（项目可以是一个知识点，也可以是一项技能等）等层次。教育一般按单元组织教学。单元指一门课程内容的划分单位，随着学科特点的不同，所进行的划分也不同。例如，语文课程的单元通常指一组体裁相同的课文，一个单元的内容有相对的完整性。单元实质上反映了课程编制者对一门学科结构的总体看法，以及在此基础上对这种结构按教学要求所做的分解和逻辑安排。

为实现一门课程的总体学习目标，学习者必须学习的内容（即必须完成的学习任务）首先应从单元层次开始。单元作为一门课程内容的划分单位，一般包括一项相对完整的学习任务。在这些单元学习任务中，哪些应先学，哪些应后学，涉及到对各单元的顺序安排。通过选择与组织单元，可确定课程内容的基本框架。

(2) 学习内容的组织

学习内容的组织是依据已确定的学习内容中具体知识技能的逻辑结构和学习理论，对学习内容进行科学的安排和组合，使它具有一定的系统性或整体性。

在一门课程中，各单元学习内容之间的联系一般有 3 种类型：一是相对独立，各单元在顺序上可互换位置；二是一个单元的学习构成另一个单元的基础，这类结构在序列上极为严密；三是各单元教学内容的联系呈综合型，如图 1—7 所示，在单元顺序安排上，第 1，2，4，5 单元可互换位置，但第 3，4 单元的次序不可随意更改，所以在组织学习内容时，首先要弄清楚各项学习任务之间的联系。

在学习内容组织编排的各种主张中，较有影响的有 3 种观点：一是美国心理学家布鲁纳提出的螺旋式排列学习内容的主张，即根据学生的智力发展水平，让学生尽早有机会在不同程度上去接触和掌握某门学科的基本结构，以后随着学生在智力

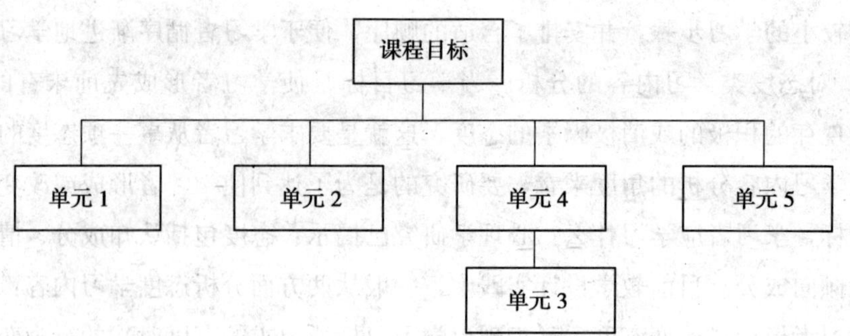

图 1—7　课程目标和单元关系示意图

上的成熟，围绕基本结构不断加深内容深度，使学生对学科有更深刻和有意义的理解；二是美国心理学家加涅提出的直线编排学习内容的主张，即依据人们学习过程存在的不同层次，把教学内容转化成一系列学习的能力目标，然后按这些目标之间的心理学关系，依照从简单到复杂、从低级到高级、从个别到综合的等级排列学习内容；三是美国心理学家奥苏贝尔提出的逐渐分化和综合贯通的原则，逐渐分化指将该学科的最一般和最概括的观念首先呈现，然后按细节和具体性逐渐分化，综合贯通强调学科的整体性，学科内容不仅包括一个学科的概念和规则，同时也包括学科特定的结构和方法，如不掌握这部分内容，就不可能真正理解这门学科，要将教材内容按纵向序列的形式和横向系列的形式组织起来。

组织学习内容时，要重视以下几个方面：

1）由整体到部分，由一般到个别，不断分化。如果学习是以掌握科学概念为主的，则基本的原理和概念应放在中心地位。根据这个特点，应先陈述学科中最一般的、概括的观点，然后就具体内容和特殊要点进行分化。这是因为当人们在接触一个完全不熟悉的知识领域时，只有阐明了理论思想，才能借助这种思想进行分类和系统化。一般来说，从已知的、较一般的整体中分化出细节要比从已知的细节中概括整体容易些。学习内容的编排如果从那些最一般、最有包容性的命题或概念入手，它们往往能在极其多样的学习情境中为学习的认知结构提供固定点。这种对学习内容的组织形式较适合从一般到个别进行类属学习的内容。所谓类属学习是把新知识归属于认知结构的某一适当部位，并使之相互联系的一种学习。

2）确保从已知到未知。如果学习的内容在概括程度上高于学习者原有的概念，或要学习的新命题与学习者认知结构中已有的概念不能产生从属关系时，就应采取由浅入深、由易到难、由具体到抽象的方法，从较简单的先决技能到复杂技能，排成一个有层次或有关联的系统，使前一部分的学习为后部分的学习提供基础，成为后续学习的“认知固定点”。这特别表现在累积性学科的领域（例如数学），因为这类学科的知识结构在序列上极为严格，如果不掌握前一个知识结构，就不可能进入下一个知识结构，或者说进入更高一个层次的学习，不清楚前一个概念就不可能懂得后续的那些概念。

3）按事物发展的规律排列。如果学习内容是线性的，可以通过向前的、进化的、按年代发展或从起源出发的方法来编排。这样的组织方式与研究的社会现象、自然现象的顺序和客观事物本身发展的顺序相一致，符合事物前进发展的规律，能使学习者对自然和社会现象的发展有比较完全的认识。

4）注意学习内容之间的横向联系。组织安排学习内容时，不仅要注意概念纵向发展之间的联系，还要注意从横向方面加强概念原理、单元课题之间的联系以及知识、技能、情感各部分内容之间的协调衔接，以促进学习者融会贯通地去学习。

(3) 对选择和组织的学习内容进行初步评价

1）确定学习内容对学习目标的有效性。考察选定的学习内容是否为实现学习目标所必需，有无学习内容与学习目标无关或重复（如果有，则应该删去）的问题，是否需要补充内容。

2）确定学习内容组织的科学性。考察学习内容安排顺序是否符合有关学科的逻辑序列结构，在关系的处理上体现了什么样的学习理论或教学理论，能否反映出基本的知识结构等。

3）确实学习内容的教学性和适用性。考察学习内容的选择和结构安排是否适合学习者原有的学习水平和知识结构，是否符合学习者认知年龄特征，是否符合教学的实际情况等。当代教育心理学的研究证明，学习者已具有的认知结构会强有力地影响新的学习。

能力要求

对《环境保护》课程进行学习内容的总体分析与编排

开发适合社区教育的《环境保护》课程，通过学习使社区居民了解保护环境对人类的好处，培养保护环境的自觉性。

工作程序

程序 1　确定学习目标的类型

学习目标 1：“了解保护环境对人类的好处”，属于言语信息的学习。

学习目标 2：“培养保护环境的自觉性”，属于态度的学习。

程序 2　进行信息加工分析，确定使能目标（见图 1—8 所示）。

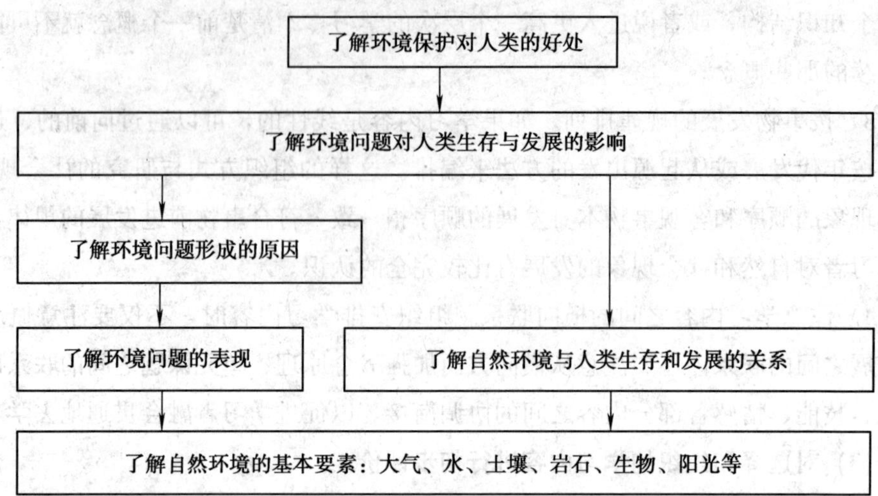

图 1—8 《环境保护》课程使能目标图

程序 3　选择和组织学习内容

根据学习目标和使能目标，对学习内容进行如下编排：

单元一　自然环境概述

单元二　自然环境与人类的生存和发展

单元三　环境问题概述

单元四　环境问题产生的原因

单元五　环境问题与人类的生存和发展

单元六　环境保护概述

单元七　生活中的环境保护

程序 4　对选择和组织的学习内容进行初步评价

初步评价是一种形成性评价，用于考察选择和组织的学习内容的效度，以及对学生的适合性。初步评价的内容主要有：

（1）以上所选择的学习内容是否为实现《环境保护》课程目标所必需，还需补充什么？哪些内容与目标无关而应该被删除？

（2）以上各单元的顺序排列与本学科逻辑结构的关系如何？在这种关系的处理上体现了什么样的学习理论或教学理论？

（3）以上各单元的顺序排列是否符合社区居民的心理发展？

（4）以上各单元的顺序排列是否符合教学或培训的实际情况？

（5）社区居民已掌握了哪些内容？教学（培训）从哪里开始？

参加初步内容评价的应包括有关学科专家、有实际教学经验的教师、有关行业专家和学习者代表等。初步评价的工作不仅有助于避免在无关内容上花费时间与精力，更重要的是可使学习需要、学习目标、学习内容及后面的教学评价四者保持一致，保证教学的效果和效益。

在评价过程中，卡片是一种有效的展示工具。教学设计者把课程目标、单元教学内容与单元目标分别用不同颜色标出，按一定的顺序展示在专门设计的计划板上，使参加评价的人对整个课程内容要点一目了然。卡片便于根据各个评价者的意见及时增删、修改内容，并调整各项内容之间的联系。

第 3 节　课件模式分析

学习目标

- 了解学习策略和网络学习策略分析的内容
- 了解学习环境和网络学习环境分析的内容
- 了解学习模式和典型网络课件学习模式的内容
- 掌握学习模式的选择方法
- 能够分析确定网络课件的学习模式

知识要求

1. 学习策略和学习环境分析

我国著名心理学专家林崇德教授认为："学习策略主要是指在学习活动中，为达到一定的学习目标而学会学习的规则、方法和技巧，它是一种在学习活动中思考问题的操作过程，它是认识（或认知）策略在学生学习中的一种表现形式。阐述学习策略，其目的在于使广大学生学会学习"。"学习方法属于'战术'的范畴，而学习策略则属于'战略'的范畴，它是根据学习情境的特点和变化选用最为适当的学习方法的过程"。学习策略处于高于学习方法的操控层面，策略的使用是管理与协调技巧的过程，而学习方法的使用主要是针对具体的活动而采取的解决手段。学习策略的本质在于学习活动的规律性和独创性，它对新知识与技能的获得、储存、整合、应用以及教学模式的选择等都会产生重要影响。

学习环境是学习活动展开的过程中赖以持续的情况和条件，是指供学习者学习的外部条件。学习环境的要素不仅仅是支撑学习过程的物质条件（学习资源），而且还包括教学模式、教学策略、学习氛围、人际关系等非物质条件。学习环境是建构主义重要的基本概念。

网络学习环境的出现，改变了传统学习规律和学习策略。对网络学习环境和学习策略的分析有助于把握网络学习的特点，有助于网络课件学习模式的选择。

（1）网络学习策略分析

随着计算机网络和通信技术的发展，网络作为现代教育的重要教学载体，受到教育工作者越来越多的重视。与传统教育相区别，网络学习强调“任何人（Anyone）在任何时间（Anytime）、任何地点（Anywhere）可以学习任何知识（Anything）”的“4A”教育理念。目前网络学习主要以解决问题为目标，以研究性学习为主。网络学习策略可划分为元认知策略、资源管理策略和认知策略，主要涉及网络学习的目标设定、行为监控、资源管理、人际交往以及信息加工等内容。由于网络学习还涉及诸多技术的使用，所以网络学习策略还包括学会使用网络技能的过程与方法。

网络教育不应只是传统教育的翻版，网上学习应当有其自身特定的策略。传统的学习策略观基本上都是基于传统的学习理论和学习环境的，强调的是学习者个体的学习策略，关注的是发生在学习者内心的学习活动。在基于网络的学习环境中，技术本身就是一个重要的变量，使用什么技术以及如何使用技术都会对学习的效果产生重要的影响。一个完整的网络学习策略，除了考虑到学习者本身的因素之外，还必须把学习所赖以发生的环境、所使用的技术条件与因素，以及师生之间和学习者与学习者之间的交往与互动等考虑在内。目的、方法和技能构成了分析网络学习策略问题的基本视角。

（2）网络学习环境分析

网络学习环境是指引入网络因素的学习环境，是一种虚拟的学习环境。在这种学习环境中，学习资源是通过网络和电脑屏幕传递给学习者的，学习者要通过某些操作技能获得这些资源。相比于传统学习环境，网络学习环境有着许多不同的特点：首先必定使用计算机，它被包含于计算机学习环境中；其次，网络可以是因特网（Internet）或局域网（LAN），可以以远程形式进行，也可以在教室中进行。网络学习环境与远程学习环境尤其是今天的远程学习环境有很大的交叉部分，但它不一定使用远程学习环境可能使用的印刷材料、电视、收音机等传播媒体，二者仍属于不同领域。

1）网络学习环境的特点

①信息显示多媒体化。

②信息组织超文本化。

③信息检索超媒体化。

④信息传递即时性。

⑤信息资源开放性。资源可以事先由教师提供，也可以由学生在学习过程中自己加入。

⑥网络交互性。网络可以支持同步交互（聊天室、视频会议、聊天软件等），也可以支持异步交互（E-mail，BBS 等），可以是一对一的交互，也可以是一对多、多对多的交互。

2）网络学习环境分析要素。网络学习环境分析是网络课件模式分析的重要组成部分，网络课件模式的选择和网络课件的设计开发，必须建立在网络课件适用的网络环境分析基础之上。网络学习环境分析的组成要素主要包括设施、工具、资源、平台和通讯这 5 个基本组成部分。

①设施。设施包括多媒体计算机、多媒体教室网络、校园网络、因特网等。

②资源。资源是为学习者提供的经数字化处理的多样化、可全球共享的学习材料和学习对象。

③平台。平台是向学习者展现的学习界面，实现网上教与学活动的软件系统。

④通讯。通讯是实现远程协商讨论的保障。

⑤工具。工具是学习者进行知识构建、创造实践、解决问题的学习保证。

2. 典型网络课件学习模式

一般而言，学习模式是指在一定的学习理论指导下建立的，或在长期学习实践中逐渐形成的系统的、稳定的学习过程结构与学习活动程序。在网络教育的实践中，教师应该根据学习内容的性质、学习对象的特点和学习目标恰当的选择网络学习模式，从而达到促进学习者学习的目的。多媒体技术和网络技术的飞速发展，影响和改变着传统的学习模式，出现了多媒体教学、网络虚拟教学、网络协作学习等多种教学方式。基于网络课件的学习模式一般可以归结为以下几种：

（1）接受型网络学习模式

接受型网络学习模式是“以教为主”的学习模式。在这种学习模式中，学习信息是以单向传输为主的，即从教师到学习者。这种模式的优点是有利于教师主导作用的发挥，有利于按教学目标的要求来组织教学，因而这种模式在教学领域中有很大的影响。这种模式的不足之处主要有两点：一是学习者的主动性、积极性往往受到一定的限制，难以充分体现学习者的学习主体作用；二是难以充分发挥网络学习的环境优势。虽然接受型网络学习模式有一定的缺点，但是以“教”为主的教学设计思想和模式仍是目前教学设计的主流。

在接受型网络学习模式中，沿袭了传统的班级式学习方式，实际上是传统课堂学习方式的新发展，网络和终端设备在这种学习模式中起着学习信息传播与呈现的作用。教师在这种学习过程中是学习信息的传播者和发布者，在一定程度上又是学习活动的组织者和管理者。学习者基本上还是处于被动地接受学习信息的地位。这种学习模式按照传递学习信息的时域不同，可以分为同步接受式网络学习模式和异步接受式网络学习模式。

(2) 自主型网络学习模式

自主型网络学习模式属于“以学为主”的学习模式。这种模式的重点在于学习者自身，是学习者在明确学习任务的基础上，自觉、自动的进行学习，并努力完成学习任务的一种网络学习模式。这种教学模式由于强调学生是学习过程的主体，是主动建构者，因而有利于学生的主动探索、主动发现，有利于创造型人材的培养。但是，这种教学模式由于强调学生的“学”，在相应的以学为主的教学设计中往往忽视教师的主导或指导作用的发挥，忽视师生之间的情感交流和情感因素在学习过程中的重要作用；另外，由于忽视教师指导作用，当学生自主学习的自由度过大时，还容易偏离教学目标的要求，这又是其不足之处。

自主型网络学习策略的核心是要发挥学生学习的主动性、积极性，充分体现学生的认知主体作用，其着眼点是如何帮助学生“学”。这类教学策略的具体形式虽然也是多种多样，但始终坚持“自主探索、自主发现”这一思想，所以也称为发现式教学策略。

基于网络的自主型学习模式有 4 个基本要素，即问题、资料、提示和反馈。将这 4 个要素组织和衔接好，便能在简单的技术背景下，达到良好的教学效果。选择实施这种学习模式要注意防止学习者产生过强的挫折感，为此要有比较敏感的信息反馈系统，以便及时给予学习者以帮助。

(3) 协作型网络学习模式

上述两种学习模式都有其优点与不足，如能将二者结合起来，互相取长补短，优势互补则可相得益彰，“双主型”（教师的主导作用和学习者的主体地位）学习模式就是在这种背景下诞生的。协作型网络学习模式属于“主导—主体”的学习模式，是一种既充分发挥教师的主导作用（即以教为主），又充分发挥学生作为学习主体地位的自主探索、自主发现（即以学为主）作用的学习模式。所谓协作学习，就是为多个学习者提供对同一问题用多种不同观点进行观察比较和分析综合的机会，这种机会显然将对问题的深化理解、知识的掌握运用和能力的训练提高大有帮助。在计算机网络环境下，特别适合于开展协作式学习。用于协作学习的计算机环境可以有多种形式，可以是支持多个学习者的网络协作学习系统，也可以将计算机作为学习伙伴与单个学习者进行协作。

协作型网络学习模式中，常用的协作式教学策略有“课堂讨论”“角色扮演”“竞争”“协同”和“伙伴”5 种。这 5 种策略，在学习过程中均要求学生积极参与，因而学生的主体作用均能得到较好的体现。但是，5 种策略的实施特点又各有不同：前两种（“课堂讨论”与“角色扮演”）对教师主导作用的发挥要求更多一些，因此比较适合于以教为主的场合；后面 3 种（“竞争”“协同”“伙伴”）更强调学生之间的相互激励、相互切磋和学生自身的独立探索，因而比较适合于以学为主的场合。

能力要求

如何确定网络课件的学习模式

工作程序

程序 1　进行学习需求分析

进行学习需求分析是为了了解学习者已经具备的水平与期望学习者达到的水平之间的差距，从而知道在学习者中实际存在和需要解决的问题。分析的方法和步骤参见本章第 1 节学习单元 1 的相关内容。

程序 2　进行学习者初始能力分析

分析学习者的初始能力是为了确定学习者在接受新的学习任务之前的原有学习基础，即原有的知识技能、学习习惯、学习方法、学习态度等的准备。学习者的原有基础是新的学习的内部前提条件，在很大程度上决定着新的学习的成败。对学习者初始能力的分析包括预备技能、目标技能和态度三方面内容。分析的方法和步骤参见本章第 1 节学习单元 2 的相关内容。

程序 3　进行学习者特征和学习风格分析

分析学习者的特征是为了确定对学习者个体学习产生影响的心理、生理和社会的特点，包括年龄、性别、知识背景、个人对学习的期望、学习兴趣与动机、工作与生活经历、文化背景等。这些因素还对学习者学习新知识起着促进或妨碍的作用，并影响教师对学习内容的选择和组织，影响教学方法、教学媒体和教学组织形式的选择与运用。

分析学习者的学习风格是为了确定学习者带有个性特征的学习方式。为每一个学习者提供适合其特点的学习计划、学习资源和学习环境，是实现真正意义上的个别化教学的前提。

学习者特征和学习风格的分析方法和步骤参见本章第 1 节学习单元 3 的相关内容。

程序 4　进行学习目标分析

对学习目标进行分析有利于全面实现教育目的，使教学评价科学化。对学习目标进行分析包括确实学习目标类型，确定并顺序化达到目标的主要步骤，确定达到目标的从属技能与入门技能。学习目标分析的方法和步骤参见本章第 2 节学习单元 1 的相关内容。

程序 5　进行学习内容分析

分析学习内容的工作以总体学习目标为基础，旨在确定学习内容的范围、深度和揭示学习内容各组成部分的联系，确定学习内容的信息加工过程、学习的层次和实现学习的各种前提条件，为教学策略等设计奠定基础。学习内容分析、选择和组织的方法和步骤参见本章第 2 节学习单元 2 的相关内容。

程序 6　进行学习策略和学习环境分析

分析学习策略的目的在于使广大学习者学会学习。学习策略对新知识与技能的获得、储存、整合、应用以及教学模式的选择等都会产生重要影响。网络学习策略的分析主要涉及网络学习的目标设定、行为监控、资源管理、人际交往以及信息加工等内容。加强对网络学习策略研究有助于提高网络教学质量。目的、方法和技能构成了分析网络学习策略问题的基本视角。

分析学习环境是为了确定学习者学习的外部条件。网络学习环境分析是网络课件模式分析的重要组成部分，网络课件模式的选择，网络课件的设计开发，必须建立在网络课件适用的网络环境分析基础之上。网络学习环境分析的要素主要包括设施、工具、资源、平台和通讯这 5 个基本组成部分。

程序 7　进行网络学习模式分析和选择

目前典型的网络学习模式有 3 种：接受型网络学习策略、自主型网络学习策略和协作型网络学习策略。这 3 种模式各自依据的学习理论不同，适用的学习对象、学习目标、学习内容、学习环境等也不同。在实际选择时，应该根据上面分析所得到的结果，进行综合分析后选择最优化的学习模式。

第 4 节　课件总体结构设计

学习单元 1　课件结构设计

学习目标

- 了解课件结构设计的作用和基本思想
- 掌握课件结构设计的步骤和基本功能模块的设计
- 能够进行课件结构设计

知识要求

1. 课件结构设计的作用

课件结构的设计工作是课件进行开发制作的基础，直接影响到课件质量与学习者的使用效果。课件结构设计的主要功能是为学习者创设一个有助于其学习的计算机虚拟环境，包括个别化学习虚拟环境和协作学习虚拟环境。为帮助学习者更好地利用课件进行学习，课件中还应附设一些辅助功能，主要有学生导航及软件使用介绍等。课件的总体结构设计有时还涉及课程学习和平台的整体设计。

2. 课件结构设计的基本思想

课件总体设计阶段的首要任务是确定系统实现的具体方案，另一项重要任务是设计课件的结构，也就是要确定系统每个程序是由哪些模块组成的，以及这些模块相互间的关系。

（1）确定系统实现的具体方案

总体设计过程首先寻找实现目标系统的各种不同方案，需求分析是设想各种可能方案的基础；然后从这些供选择的方案中选取若干个合理的方案，在综合分析比较这些合理方案的基础上，从中选出一个最佳方案，进入软件结构设计阶段。

（2）设计课件结构

课件结构设计过程首先要把需求分析的复杂处理功能进一步分解为几个较为简单的功能；然后一个子功能用程序中的一个模块来完成，并把程序模块组织成良好的层次结构，顶层模块调用它的下层模块，以实现程序的完整功能，每个下层模块再调用更下层的模块，从而完成程序的一个子功能，最下层的模块完成最具体的功能。除此以外，本阶段还要进行必要的数据结构设计，确定软件测试要求并制订相应测试计划，总体设计评审，书写总体设计文档等。

3. 课件结构设计的步骤

在确定网络课件的模式之后，接着要做的工作就是进行课件的结构设计。

网络课件中的信息结构就是通常采用非线性的超文本方式。超文本是一种由节点和链组成的网状结构，节点、链、网络是定义超文本结构的 3 个基本要素，如果节点中不仅有文本，而且还包含有图形、动画、声音及它们的组合等多种信息，则也可以称之为超媒体。

根据课件中节点和链的连接关系，可以归纳出课件中的学习内容结构包括线性结构、树状结构、网状结构、混合结构等组织方式。

课件结构设计的目的是安排目录主题的显示方式，建立信息间的层次结构和浏览顺序，以及确定信息间的交叉跳转关系。具体设计内容主要包括以下几个方面：

（1）根节点的设计

根节点是学习者进入课件系统学习遇到的第一个节点，同时也应该是其他任何节点都能返回的中心节点。根节点的常用设计方法有：

1）总述。根节点是整个内容的概述，它与知识库中的所有主要概念都建立有联系。

2）自顶向下。使用层次分析法，根节点是顶端的本质概念。

3）菜单。根节点是知识库中主要概念的列表或内容表。

4）辅导。根节点是进入其他节点通道的示范。

（2）链的设计

链的设计主要涉及节点之间如何联结及其怎样表示，链一般分为 3 种：

1）线性链。线性链反映节点之间的次序、位置等关系。

2）树形链。树形链体现节点间的层次、归属、类推等关系，反映节点内容的语义逻辑联系。

3）网状链。网状链即任何节点之间都可以建立联系，如背景、索引、例证、重点、参考资料等，体现创作人员的联想。

一个超媒体系统中各种类型的链所占的比例取决于知识领域、系统目的和学习特征。

(3) 网络和学习路径设计

节点和链的组织方式不同，从而产生不同的超媒体系统网络结构，包括阶层型、细化型、对话型。

常见的学习路径模式有顺序式、循环式、分支式、索引式、网状式等。

能力要求

如何做好网络课件的结构设计

网络课件的结构设计是网络课件开发基本过程中的一个重要环节，是在前期工作的基础上，进一步安排目录主题的显示方式，建立信息间的层次结构和浏览顺序，确定信息间的交叉跳转关系，确定系统每个程序的模块组成，以及这些模块相互间的关系。具体设计流程为：

工作程序

程序 1 按照学习目标分析、内容设计、交互设计以及评价设计等确定基本框架

确定网络课件的基本框架包含的两个步骤：首先确定网络课件需要有哪些模块构成，然后确定这些模块如何组合起来。网络课件的功能模块构成是建立在教学目标分析、教学内容设计、交互设计以及评价设计的基础上的，一般包括如下功能模块：自主学习功能模块、授课功能模块、辅导答疑功能模块、作业发布和批阅功能模块、讨论学习功能模块、题库管理功能模块、考试和自测功能模块、虚拟实验环境（可选）、教学分析功能模块、备课功能模块以及教学管理功能模块等。每个模块按照需要可以划分子模块。以下主要介绍自主学习功能模块和授课功能模块。

(1) 自主学习功能模块

1）网络课件知识体系的导航。网络课件知识体系的导航就是以目录树、下拉列表、平行并列结构方式全面整体地展开网络课件的知识结构体系。

2）学习指南。学习指南给学习者提供一些关于课件以及每个教学单元的提示信息。对于课件来说，可以包括教学大纲、学习重点、学时、参考资料、教师简介等；对于每个教学单元来说，可以提供本单元的知识点列表、学习重点、学时、参考资料等。

3）电子教材。简单地说，电子教材就是电子版的教科书，但不应当是书本教材的电子翻版，而应当通过精心设计来体现出教师的教学策略。

4）电子教案。电子教案就是教师为授课所准备的电子讲义，它充分体现了教师的教学思想，展现了教师的教学智慧。

5）相关资源。包括课件的主体教学内容和其他丰富的课件相关资源。

6）例题（案例）分析。包括课件教学内容中的例题或相关案例分析。

7）课后练习。课后练习是针对教学内容的练习题，辅助学习者学习。

8）辅助学习工具。例如教学公告、笔记本、小字典、日历和电子书签等。

(2) 授课功能模块

在网络课件中，授课功能包括有教师的同步授课活动和无教师的异步授课活动。

通常情况下，用三分屏的方式来实现授课功能。显示屏左上方为教师讲课的录像，左下方为课件提纲，右边为教师讲课的教案，讲课要点随录像同步播放。学习者可以通过选择左下面的课件提纲，来改变视频的播放起点和教案的显示起点。

网络课件基本框架的确定应遵循如下原则：

• 有利于学习者自主学习。

• 有利于教师和学习者的信息双向交流。

• 有利于贯彻执行教学策略。

但是，课件的各个模块并不是杂乱无章地随意堆放起来的，而是应该按照一定的逻辑关系编排起来。

程序 2　设计数据库，并且以图表以及文字的形式描述每个数据表的功能、结构以及各数据表之间的关系

确定了网络课件的功能模块组成以后，下一步就应该设计数据库的结构。首先需要确定使用什么数据库，目前网络课件建设中使用得较多的数据库系统有 Access，SQL Server，MySQL，Oracle 等，可以根据课件的实际情况来选择所需的数据库。

确定了所使用的数据库系统以后，就可以着手建立数据表了，首先需要规划出网络课件所要用到的数据表的总数、名称，每个数据表的功能以及与其他数据表之间的关系；然后再确定每个数据表的数据结构，包括字段名称、字段类型、字段长度、主键、外键等。

建立数据表以后，可能还需要根据数据表之间的关系，编写一些用于维护数据一致性、完整性、有效性的触发器。

最后，应当把上面所进行的数据库设计过程以图表、文字的方式呈现出来，编写成网络课件的数据库结构说明书，作为程序编制过程中的参考。

程序 3　设计每个模块的具体功能，编写出功能模块说明书

确定网络课件的基本框架后，需要通过分析功能模块的使用对象、用途，来设计出每个功能模块所具备的子功能模块。确定子功能模块以后，还需要完成以下工作：确定每个子功能模块的使用对象（教师、学习者或者两者兼有）；确定每个子功能模块所需涉及的数据表；设计出每个子功能模块的具体界面呈现方式等。设计的结果以书面材料的形式体现出来，即是网络课件的功能模块说明书。

程序 4　统一界面风格、程序设计接口和文件命名规范等，编写出程序设计规范说明书

课件设计需要统一规定界面的显示风格（如色彩基调、按钮、字体和布局）、程序设计接口和文件命名规范等，以编写出规范统一的程序，便于最后进行系统调试。

学习单元 2　课件内容导航设计

学习目标

➢ 了解导航设计的作用

➢ 熟悉导航设计的内容与要求

➢ 掌握导航设计的方法

知识要求

1. 导航设计的作用

课件具有信息量大、结构相对复杂、开放性强等特点，学习者在个别学习时极易产生“迷路”现象。所谓迷路，是指学习者在使用课件时，找不到相应的节点，无法有效、快捷地进行节点之间的转换。为引导学习者更好地利用课件进行学习，减少学习者的认知负荷，提高学习者的操作效率，明确清晰的导航系统必不可少。导航策略应用于网络课件，实际上是教学策略的体现，是一种避免学习者偏离学习目标，引导学习者进行有效学习，提高学习效率的策略，是决定课件质量的关键因素之一。其具体作用表现在以下几个方面：

（1）引导学习者快速了解课件知识内容的结构概况，对课件有整体性的认识。

（2）引导学习者快速而简捷地找到所需的信息，并确定下一步前进的方向和路径。

（3）帮助学习者了解当前学习内容在课件的知识结构体系中所处的位置。

（4）让学习者在使用课件遇到困难时，能寻求到解决困难的方法，找到达到学习目标的最佳学习路径。

2. 导航设计的内容与要求

课件的导航设计应当参照课件的内容结构和功能结构的设计，它是对课件学习过程的完整描述，也是学习者必须参照的学习路径。常见的导航有分层导航、跳转、地图、后退、历史清单、书签、查找、在线帮助等方式；常见的导航界面技术有菜单、按钮、字体与颜色、图像、动态表达等形式。一个适于自主学习的便捷导航系统可以包括：课件的结构说明、课件目录结构、相关学习单元或知识点的快速链接、学习历史与状态记录、检索系统、功能菜单、帮助等。以上所列举的这些导航功能，在课件设计中并不都是必要的，应当具体问题具体分析，开发设计出适合课件特点的导航系统。

设计网络课件导航时，应以系统的观点，综合考虑用户对象、学科特点及软件类型等多方面因素，遵循以下原则：

（1）清晰明确

导航的设计应当清晰明确，让学习者一目了然。能让使用者明确自己的学习路径，包含过去的和未来的；能让学习者清楚了解自己所处的位置等。

（2）形式多样

学习者的学习层次不同，可能需要不同的导航要求。在设计的时候要全面分析，综合采用多种导航方式，以满足学习者不同的学习要求。

（3）简洁明快

某些导航方式应当只在满足特定条件的时候才提供，在不满足条件的时候可以隐藏或者禁止，以便使页面显得简洁明快，避免过多的干扰信息。

（4）完整灵敏

完整是要求所提供的导航具体、完整，可以让学习者获得整个课件范围内的全域性导航，能涉及到课件中全部的学习信息及其关系，尽可能解决学习者的所有问题；灵敏是要求所提供的导航具有良好的智能性，能根据用户的需要及时生成解决方案，让用户减少查看或处理无关信息的操作。导航系统应该做到能随时进入、随时退出。

3. 导航设计的方法

导航系统是课件的一个有机组成部分，但它实际上又是一个独立的部分，包含了导航信息文件、导航策略库以及存储处理这些信息的功能模块。

(1) 总体规划

在制定总体规划时，主要考虑以下几个方面：

1）应用系统的用户对象。不同类型的用户在知识水平、操作技能及计算机领域的知识等方面存在差异，因此导航系统应能针对用户特点恰当地提供导航信息。

2）学科的特点。不同学科有自己的特点，相应的课件应当体现这些特点，因此导航系统的设计也应该有不同的要求。

3）课件的模式。不同模式的课件有其特定的设计方法和要求，所以在不同模式的课件中对导航的设计是不同的（包括导航的策略及实现方法），因此课件的模式也是一个决定导航实施手段和实现方法的因素。

以上 3 点是在设计导航时要注意考虑的因素，只有充分考虑以上因素后进行的导航设计，才能保证导航的有效性。

(2) 划分内容和结构

导航信息能提供给用户多方面、大范围的信息，因此导航设计中一旦确定了导航的总体规划后，就应该对导航信息的组织和导航策略的结构进行设计。通常导航信息的存放为信息库形式。机械地把全部导航信息存放在一个大文件中，或者分散存放在多个小文件中是不可取的，较好的方法是把导航信息按主题进行层次分解，构造出以导航信息主题为骨架的系统层次结构。当然，导航要明确简洁，因此不能构造过多的层次，一般有两三层就可以了。

通常在课件中，导航信息的结构与应用程序结构、导航信息的形式与主程序的形式、导航部分界面与主程序的界面都应基本相同或相似，设计中应注意保持这种一致性和整体性。对于不同导航方法，导航信息的结构也不同，如文字方式的索引信息可能以多重有向树状为结构，而导航地图型导航信息则可以用单层次方位图方式表示。

(3) 确定导航进行的具体形式

在确定了导航信息的内容和结构形式之后，接下来要进行的工作就是要选择表达导航策略的具体方法，即确定以什么样的界面和交互方式来体现导航。选择适当的界面组成要素和交互方式，可以使导航界面精良，交互灵活、简单，保证导航的有效和典型。

（4）导航系统的实现

当以上几步设计完成之后，就必须进行导航的计算机实现。在实现过程中可以通过原型开发方法来进行，经过设计、试用、修改、再试用的不断循环，直到最后完成。

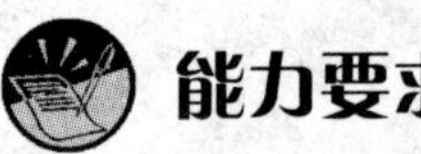

能力要求

《青春期教育》系列课件导航界面设计

以《青春期教育》系列课件为例，具体介绍课件导航界面的设计过程。

工作程序

程序 1　总体规划

本课件针对处于青春期的学生而开发的。课程内容主要包括生殖健康、生理健康、日常保健、珍惜生命、青春期心理、健康与运动 6 个部分。课程总体导航需具备分级分层的祖、父、子、孙的顺序包含关系。即课件总大类、一级子目、二级子目、一个专题系列、单个课件。单个课件内又包含许多要素和知识点，可以设置点击进入界面。

程序 2　划分内容和结构

按照课件的内容，《青春期教育》课件包括 6 部分父层内容，每一部分内容又包括若干子层内容。以日常保健部分内容为例，日常保健分为常见疾病防止、用眼保健、口腔保健、男性日常保健、女性日常保健 5 个子层内容，其中口腔保健包括刷牙要领、刷牙动作、刷牙时间、牙刷选择、定期检查等孙层内容，如图 1—9 所示。

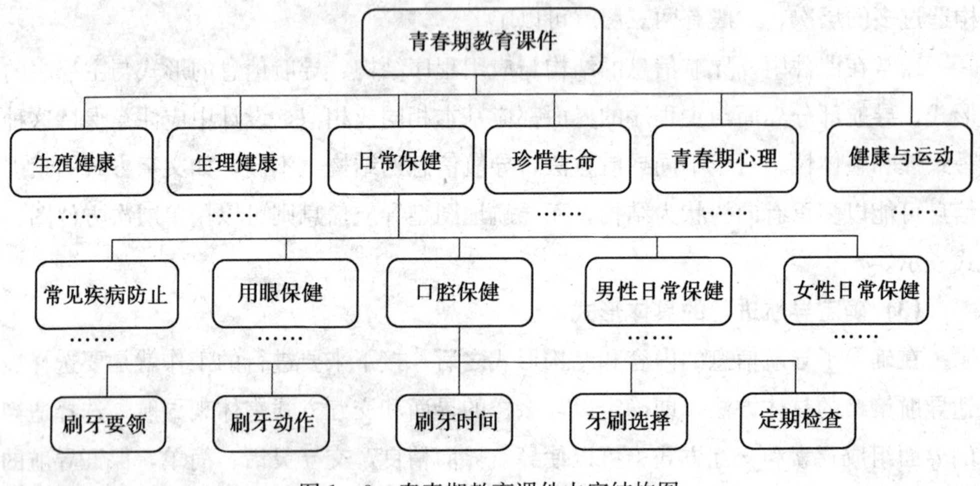

图 1—9　春青期教育课件内容结构图

程序 3　确定导航进行的具体形式

（1）课件主界面导航设计

课程说明链接、制作人员简介链接，父层课件内容链接。

（2）父层课件界面导航设计

子层课件内容链接、父层课件内容链接。

（3）子层课件界面导航设计

子层课件内容链接、孙层课件内容链接、返回父层课件链接。

（4）孙层课件界面导航设计

以平行并列的方式链接教学内容，返回子层界面链接。

考虑到此课件的学习对象主要是青春期的学生，课程内容又较为明确，所以界面导航设计采取简洁、明快的特点，在线帮助、功能导航、检索等导航内容可以简略。

学习单元 3　课件功能界面设计

学习目标

- 了解人机界面的概念与特性
- 熟悉界面设计的原则
- 掌握课件主要功能界面设计的方法
- 能够根据课程特点及学习者特征设计主界面与子界面

知识要求

1. 人机交互界面的概念与特性

人机交互是指人与计算机之间使用某种对话语言，以一定交互方式，为完成确定任务而进行的人机之间信息交换的过程。在人和机器的互动过程中，有一个层面，即通常所说的界面。从心理学意义来分，界面可分为感觉（视觉、触觉、听觉等）和情感两个层次。用户界面设计是屏幕产品的重要组成部分。界面设计是一个复杂的有不同学科参与的工程，认知心理学、设计学、语言学等在此都扮演着重要的角色。一个友好的人机界面应该具有人文性、直接性、敏捷性、一致性、交互性、清晰性、美观性、宽容性、易用性、象征性等特性。

2. 人机交互界面设计的原则

人机交互界面的设计主要解决与人机交互相关的用户分析、任务分析、交互方式以及相应的课件开发过程等问题。在设计操作界面时，主要遵循以下原则：

（1）简洁明了

课件界面的设计应根据学习内容，尽可能的简洁，以最小信息量实现设计目标。界面冗杂容易分散学习者的注意力，产生喧宾夺主的反作用，使学习者的注意力过分集中在界面的样式、颜色上，而忽略了学习内容，这和使用课件的初衷是违背的。过分追求多媒体、多效果，将会大大增加学习者的记忆负担，设计良好的人机界面应尽可能减少用户操作使用时的记忆量，应力求避免可能发生的错误。

（2）易学易用

课件的用户是人，计算机系统作为人完成任务的工具，应该使计算机和人组成的人机系统很好地匹配工作；如果有矛盾，应该让计算机去适应人，而不是人去适应计算机。一个容易学习、容易使用的课件才是一个好的课件，否则即使课件采用的技术再先进，教学方法再优秀，而所设计的课件很难使用，那么该课件就毫无意义。界面设计可以通过以下方法实现易学易用的目的：

1）设计完善的导航系统。采用灵活的导航系统，可以帮助学生方便快捷选择学习内容，并在任何情况下都能返回首页或退出整个课件。

2）设计完善的帮助工具。通常情况下使用最多的是按键帮助，这样使用户在不懂的情况下也能依靠完善的帮助系统来学习课件。

（3）统一性

在设计课件时，应尽可能使菜单、图标、窗口、按钮等界面在课件中的位置、大小、功能和出现的时机一致，保持相对的固定。整体画面协调，用语前后一致，操作程序标准化，功能键使用一致，信息提示有固定的位置。

（4）适应性

在进行课件界面设计时，应注意界面的适应性。要适应不同的学习者，即适应学习者的个别差异，尽量让不同的学习者均可获得他们所需的学习方式，对于不同认知风格的学习者提供不同的学习与操作方法。对学习者的错误操作也要有识别和相应的处理措施，使学习者能始终控制课件运行。

作为计算机用户的人具有许多固有的技能，对这些能力的分析和综合，有助于了解用户所能胜任的处理人机界面的复杂程度，了解用户能从界面获得多少知识和帮助，并对其所花费的时间做出估计或判断。另外，在进行课件界面设计时，还需要分析用户对课件系统的期望和态度。

(5) 认知性

在进行课件界面设计时，应能体现“由易而难，逐步强化”的认知性原则。

1）由具体到抽象。即首先通过多媒体界面给用户提供具体的对象，然后从具体对象、内容中让学习者归纳出抽象的概念或原理，或用模拟系统来引导出抽象的原理。

2）用可视化的内容显示不可见的内容。尽可能利用数字、图解、动画、色彩等清晰爽目的对象显示原理、公式或抽象的概念。

3）由模拟引导创新。突出人机交互，尽量启发用户的积极思维和参与，并激起用户的学习和创造欲望。

4）合理运用再认与再忆，减少用户短期记忆的负担。所谓再认就是从系统给定的几个可能答案中要用户选择一个正确的或最好的；再忆即要求用户输入正确的答案或关键字。

5）考虑用户的个别差异，使用用户熟悉的语言。

3. 人机交互界面设计的方法

(1) 屏幕对象设计

1）窗口。窗口一般由标题栏、菜单栏、滚动条（水平、垂直）、状态栏和控制栏等组成。

2）菜单。常见的菜单有条形菜单、弹出式菜单、下拉菜单、图标式菜单等。

3）图标。图标是常用的一种图形界面对象，能帮助用户简便地通过界面调用功能。

4）按钮。常见的按钮有 Windows 风格按钮、闪烁式按钮、动画式图形按钮、热区式按钮、文本按钮、图形按钮等。

5）对话框。对话框是一个弹出式窗口，可以通过它来和用户交互一些提示信息等。

(2) 屏幕设计布局

课件中的元素，除了音频视频外，均是以屏幕为单位呈现在学习者面前的。屏幕一般包括以下 3 种：一是封面（片头）屏幕，这是一个课程的开始；二是主界面屏幕，课件都是通过主界面为学习者提供教学内容选择的，类似于书的目录；三是学习屏幕，即多媒体课件开展学习活动的屏幕画面，也是课件设计的重点。

屏幕的设计布局不仅直接影响整体效果而且还会直接影响学生的学习效果。研究表明，人们看到信息显示时，第一眼往往看显示屏左上部中间的位置，并迅速向顺时针方向移动，人的感觉机制总是寻求有序、有意义的信息，在遭遇混乱时总是试图强行建立有序结构，因此无论一个屏幕是富有含义、具有明显格式，还是混乱、模糊，人总是迅速地辨认和理解。因此，屏幕的编排应该具有均衡、规整、对称、有可预料性、经济、简明、连续、比例协调等规律。在布局设置过程中，应该注意以下几个方面的问题：

1）画面整体效果美观。要求画面均衡、对称、规整。

2）简洁明了。简洁明了地使用显示元素，以便学习者尽可能简单地得到信息。一味追求多媒体、多效果将过多地吸引学习者的无意注意，从而影响学习效果。

3）可预见性。根据一致性原则，窗口的组成或操作具有可预见性。观察一幅图像，要可以预测出相邻一幅图像将是什么样；看一幅图示图像的一部分，要可以预测剩余部分是怎样的。

（3）多媒体要素设计

课件要用到多种媒体形式，如文本、图形、图像、动画、视频和音频等。多种媒体要素的综合、恰当地运用，可以极大地提升课件的学习效果。

1）文字的安排。除了与公文相同的格式（字距小于行距，段首空两格，标点占一格等）外，还要注意其大小、屏上的位置及疏密关系。字的大小，一般不作硬性规定，要视一屏所展示内容的多少而定。对于两屏以上内容相连的文字设计，应当保持每屏之间的一致性。

单屏独立的文字设计，可以灵活处置。字多字就小，字少字就大。无论字多、字少、字大、字小，整屏都要留足够的天地和侧边。对于全屏只有一行字的情况，应尽量将字安排在近中线稍偏上的位置，为的是突出和不感空缺。

2）图形或图像的安排。从观看效果看，图面应尽量放大，尽可能用满屏展示一张图形或图像。满屏图一般不要再设置外框或花边之类，以减少干扰和侵占图形或图像因素。如果是一屏同时展示几个图形或图像，就要区别主次、顺序或大小。顺序通常是从上至下，从左至右，从前至后；主图一般要安排大些，以每个图都能看清为原则。另外，多个图形或图像表达的是不同的内容，那么应对这些图形或图像进行归类安排，即将表达同一内容的图形或图像靠在一起，而且不同内容的图形或图像之间需要隔开。注意还要考虑比例、色彩的平衡，不管采用对称的还是不规则的布局格式，都要使整屏画面安稳平妥，不失和谐与重心。

对于文图皆有的屏幕，先将图定位，然后再安排文字；在文图配合的关系上，应在图的四周留有天地侧边，必要时还要相当宽松。

3）声音的安排。课件中的声音包括语言、音乐和效果声三种。除了语言教学课件中声音是必须使用之外，其他课程的课件可根据内容来选用少量的声音。恰当地使用声音文件能起到引起注意、提示反应、表示事件进程、提供情景音效、提供反馈等效果；使用不好则会起到干扰、噪声的作用。

使用声音文件应注意以下几点：

①声音不能太多。过多的声音不但不能帮助学习者学习，反而影响其学习效果。

②音量可调。使用声音的音量大小要可以调整。

③用声音作转场效果声。当画面切换时，添加声音能起到提示作用，但要适当。

4）动画和视频。动画和视频能使学习者较为直观地观看学习内容，具有形象、直观、声形并茂的特点，适当采用能起到加深对学习内容理解的作用。但过多地加入视频文件，不仅造成课件体积过大，而且还会使课件运行速度较慢。

使用视频文件应注意以下问题：

①体积不宜太大。

②学习者能自主控制视频的播放过程。

（4）艺术风格设计

课件的艺术风格包含多方面的内容，诸如颜色的运用、汉字字体的选用、图形的搭配使用，以及它们相互之间的联系，还有转换和运动方式的影响等。

一个课件界面必须具备一种统一的风格，即在背景的处理、菜单的安排、按钮的形式等各方面的布局上，有一种格调一致的模式，如常用的按钮必须一致。风格布局的统一，可避免使用者的误操作，使人感到和谐优美。在格调统一的基础上，应提倡具体表现灵活多变。

清晰可靠是界面优良的重要因素。界面提供的指令及信息要求准确、清晰、可靠，让使用者看懂设计者的用意和内容安排。在界面设计时，信息文字力求简练、意义明确、易读易懂，尽量使用学习者所习惯的语言、图形，给学习者一种亲切感，提高他们的注意力。

界面设计应将计算机的特性和美学特性巧妙地融合在一起，使之不露痕迹地贯穿于课件的始终，令学习者在学习的过程中得到美的熏陶。在构图上力求做到主体突出，内容简洁，视觉明确，观察点集中。要充分考虑到各物体的基本构造和空间位置的平衡，使课件界面符合美学构图的基本原则。

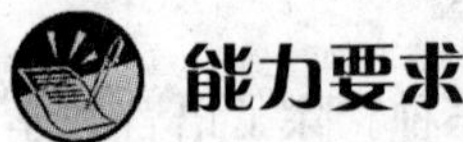

能力要求

《青春期教育》系列课件主要功能界面设计

以《青春期教育》系列课件为例，具体介绍课件主要功能界面的设计过程。

工作程序

程序 1　屏幕对象设计

该屏幕为课件的主界面，一般包括以下对象：课件名称、课程说明、制作单位、制作人员、主要学习内容等。

程序 2　屏幕布局设计

将各个功能键放置到合适位置，并保持界面的艺术和谐，有虚实分布。在首页最上面应放入课件名称，以最新、最醒目字体标志；左侧下方放置“课程说明”，右侧下方放置“设计人员”，字体相对统一，都标以青苹果图标（暗示青春期）；整个页面居中部分为分布的课程内容。

程序 3　多媒体要素设计

本课件主要面对的对象为青少年，所以采取的图片应以青少年为主题。以蓝天绿地为背景，中间图为青少年，课程的主要内容“围绕”周围。屏幕整体以渐进的动画方式展现，配以悠扬的背景音乐。

程序 4　艺术风格设计

屏幕的整体颜色以蓝色为主色调，以体现明快、青春活力的艺术风格，如图1—10所示。

图 1—10　《青春期教育》课件课程屏幕示意图

思　考　题

1. 运用所学过的知识，对小学五年级的学生进行语文方面的学习需求分析，并撰写学习需求方案。

2. 运用所学过的知识，对初中一年级学生进行英语学习的初始能力预估。

3. 选择身边的某一类人群，运用所学过的知识，对他们进行学习者特征鉴别和学习风格诊断。

4. 选择一门课程，运用所学过的知识，为其网络课件的开发进行学习目标设计与编写。

5. 选择一门课程，运用所学过的知识，为其网络课件的开发进行学习内容分析与编排。

6. 选择一门课程，运用所学过的知识，确定其网络课件的学习模式。

7. 选择一门课程，运用所学过的知识，为其网络课件的开发设计课件结构、导航界面和主要功能界面。

第 2 章 开发与技术分析

第 1 节 学习管理系统平台

学习目标

➢ 了解学习管理系统和学习内容管理系统的概念

➢ 熟悉常用学习管理系统的功能和特点

➢ 能够进行课件开发与管理系统对接

知识要求

1. 学习管理系统

(1) 学习管理系统的概念

学习管理系统（Learning Management System，LMS）是电子化学习（E-Learning）的基础架构，是用于发送、追踪、分析和管理知识对象、学习者学习情况等的计算机软件系统。LMS 一般具有用户管理、课件管理、学习者的学习信息数据管理等功能，但不一定具备教学内容制作的功能。学习管理系统的目的是支持学习者方便、灵活地接入网络，参与学习，灵活安排学习进度。

(2) 学习管理系统的功能

1）学习者管理。学习管理系统支持对单个学习者或学习共同体的组织管理，例如注册、分组等。

2）课题管理。学习管理系统以每门课程的探究问题或课题为线索管理学习活动，包括课题的创建、修改、检索、中止、删除等。

3）资源管理。学习管理系统支持面向各个课题探究活动的个人资源、小组资源和公共资源的管理，从而能够帮助教师和学习者方便地围绕探究主题，构建一个微型的“数字图书馆”。

4）认知工具。学习管理系统提供各种认知工具，吸引和促进学生投入认知加工活动，更好地完成探究任务。例如可以提供合作性/个人笔记本、概念图生成器、知识整合工具、建模工具、作品展示工具、目标管理程序以及面向各种特定认知任务的工具等。

5）沟通协作工具。学习管理系统应该包括界面友好的沟通工具、协作工具以及个人主页空间等。

6）反思评价工具。学习管理系统支持协作探究学习，所以应该采用适当的评价策略，尤其是过程性评价策略、自我反思评价策略和多维度评价策略。学习档案袋是一种新近发展起来的过程性评价策略，尤其适用于协作探究性的开放的学习活动。在计算机环境下可以利用“电子学习档案袋”（简称“电子学档”），即借助计算机技术来生成、存储、展示和分析评价关于学生学习过程和结果的档案资料，反映学生的努力程度、进展状况和成就水平。支持协作探究学习的学习管理系统可以提供电子学档管理器，帮助学习者和教师在协作探究活动过程中建立、维护、使用和评价电子学档资料。

另外，学习管理系统应该提供多维度评价量规的生成工具，对学生的开放性活动和成果进行多维度评价；还应该能够追踪记录学习者个人和小组的学习行为，如BBS 的参与度、学习资源的收集和共享、作品提交等。

2. 学习内容管理系统

(1) 学习内容管理系统的概念

学习内容管理系统（Learning Content Management System，LCMS）是创建、存储、发布和管理以学习对象形式存在的个性化学习内容的计算机软件系统，同时也提供版本控制、注册及注销等功能。LCMS 是最初为高等教育开发的传统课件管理系统的发展版，旨在帮助没有技术经验的教师或资源专家设计、创建、发布和管理网络课件。同时，LCMS 能够对用户进行管理，可以跟踪学生的学习进度并及时调整以适合学习者的学习需要。LCMS 使学习内容的共享和教学系统的交互成为可能。

学习内容管理系统中引入了学习对象的概念，将学习内容和描述信息分离，系统间的交换数据格式为 XML。学习内容管理系统中带有学习对象库，用于存储可重用学习对象。学习内容管理系统不仅改变了由特定公司发布 E-Learning 学习内容的状况，并且显著减轻了学习者个体发布具有所有权知识的费用负担。同时，学习内容管理系统能够提供给学习者个性化的学习和认证，培训部门和教育单位也能够通过学习内容管理系统追踪学习者的教学进度，随时调整步调以适合学习者的学习需要。总之，学习内容管理系统的问世，使学习内容的共享和教学系统的交互成为可能，被认为是 E-Learning 发展当中的第二次革命。

（2）学习内容管理系统的结构

由于学习内容管理系统的主要功能是为用户提供一个可以有效管理学习内容并存储学习对象的应用系统，所以学习内容管理系统应该具备的基本结构如图 2—1 所示。

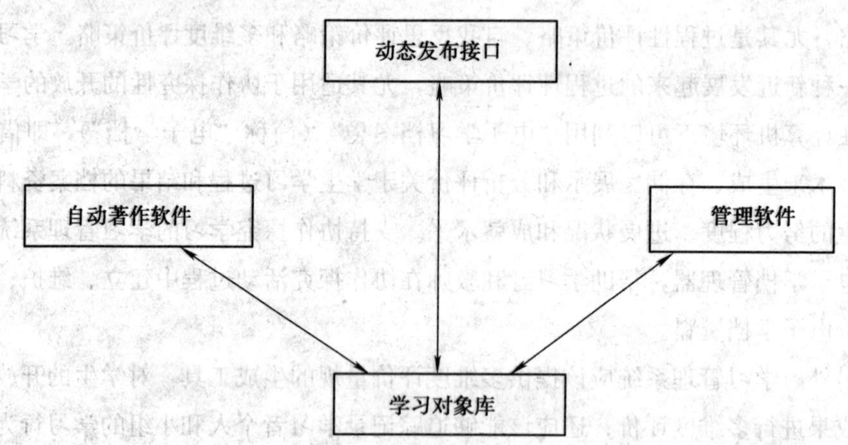

图 2—1　学习内容管理系统的系统构成

1）学习对象库（Learning Object Repository）。学习对象库是能存储和管理学习内容的中央数据库。学习对象库支持各种粒度的学习对象的存储、查询和获取。

2）自动著作软件（Automated Authoring Application）。自动著作软件被用来创建可重用的学习对象，可以使没有编程经验的著作者通过设计模板和故事画板整合教学设计原则，迅速开发出标准化的学习内容。

3）动态发布接口（Dynamic Delivery Interface）。动态发布接口可以根据学习者档案、前测结果以及用户具体需求，动态地发布学习内容，给学习者提供适应自身的、个性化的学习。

4）管理软件（Administrative Application）。管理软件主要用来管理学生记录，从课程目录中启动 E-learning 课程，跟踪和报告学生的学习进程，并且提供其他基本的管理功能。相关信息可以被导入到学习管理系统中以实现两者的互操作。

(3) 学习内容管理系统的主要特点

1）可重用的学习对象。可重用的学习信息对象是指具有一定粒度的、独立的、可重用的教学内容单元。每个学习信息对象可由学习内容、学习练习和学习评估等组成，并可构造成单个的、可重用的学习对象。将大量独立的、可重用的学习信息对象按照一定结构组合在一起，可形成多个可重用的学习对象。在学习内容管理系统中可重用学习对象技术的帮助下，课程管理者可以组合可重用的学习对象形成更大的结构，如模块、单元和课程等，可以方便地管理大量的课程和测试，包括课程、页、问题库、个别问题和条件行动。可重用学习对象技术通过对课程库中的学习对象进行重用来迅速组织新课程，通过更新某些过时的学习对象来构建新的学习内容。

2）支持适应性学习。适应性学习指学习是通过自身原有的知识经验与适应性学习系统进行交互活动来获取知识、获得能力的过程。在这个过程中，学习者能够自我组织、制订并执行学习计划，自主选择学习策略，并能控制整个学习过程，对学习进行自我评估。适应性学习系统是开展适应性学习的关键所在。学习内容管理系统正是这样一个适应性学习系统。它在学习者个人知识水平的基础上，根据学习者的学习风格调整学习内容的发布格式，动态发布课程。学习者可以定制学习内容即可通过可重用学习对象构建多种相似版本的学习内容。学习内容管理系统提供新课程自动注册，对达到学习目的的学习者予以奖励；同时，还包含了个性化的用户界面，颜色、字体、图标、窗体和工具栏都随学习者不同而各异。

3）支持协作学习。协作学习是一种通过小组或团队的形式组织学生进行学习的一种策略。小组成员的协同工作是实现团队学习目标的有机组成部分。协作活动中的个体学生可以将其在学习过程中探索、发现的信息和学习材料与其他成员共享，甚至可以同所有同学共享。有些学习内容管理系统还提供了与虚拟教室系统进行整合的接口，实现多样化的协作学习方式。

3. 学习内容管理系统与学习管理系统的关系

学习内容管理系统承袭了学习管理系统的学习跟踪和管理功能。学习内容管理系统和学习管理系统并非相互独立的 E-Learning 应用系统，它们可以很好地整合与互补。当两者整合以后，信息可以相互交换，最终达成对学习者进行更好管理的目标，给学习者提供更丰富的学习体验。学习管理系统管理学习者社区，允许他们启动学习内容管理系统中合适的学习对象。在内容发布上，学习内容管理系统标记学习者个体的学习进程，记录测试分数并将其反馈到学习管理系统中与之共享。它们之间的关系见表 2—1。

表 2—1　学习内容管理系统与学习管理系统功能比较表

比较项目	学习内容管理系统	学习管理系统
受益者	学习内容开发者、需要个性化学习内容的学习者	所有学习者、组织者
提供的主要管理	学习内容	学习绩效、学习需求、学习程序和计划
管理 E-Learning	是	是
管理传统形式的学习	否	是
结果跟踪	是	是
支持学习者协作	是	是
包括学习档案管理	否	是
允许 HR（人力资源）系统和 ERP（企业资源规划）系统共享学习者数据	否	是
提供技能导航和技能差距分析	否	是
创建测试问题和提供测试	是	是
支持动态性前测和适应性学习	是	否
支持内容创建	是	否
组织内容重用	是	是
包含工作流工具来管理内容创建	是	否
开发内容导航控制和用户接口	是	否

4. 常用学习管理系统分析

(1) Lotus LearningSpace

Lotus LeaningSpace 是开放的、基于 Web 的远程教学平台，能够提供完整的、可扩展的分布式学习管理系统，包括核心模块和协作模块两个独立的产品：核心模块支持在线自学课程的发布、跟踪和管理，提供远程教学的基础，可以满足任何企业规模的教学需要；协作模块在核心模块的管理、跟踪和自学功能基础之上，增加了讨论、实况虚拟教室和 Lotus Sametime 在线感知等协作教学功能。

1）系统功能

①培训内容的设计和制作。教师可以随时使用多种演示软件（包括 Lotus

Freelance Graphics，Microsoft PowerPoint 以及 35 种以上其他工具）创建培训内容，充分利用或保留企业原有的培训素材。

②多种在线教学模式。Lotus LearningSpace 能够为用户提供自学、非同步协作学习和“虚拟教室”同步交互学习 3 种在线学习模式。

③在线教学的管理。Lotus LearningSpace 提供了一系列可靠的教学管理功能，可以进行成批的或是自我注册，过程简便。其注册工具可创建“规则”来描述学员将如何自动地加入到学习计划和学习课程中去。在 Lotus Learningspace 系统中，课程可以根据学员的职位、地点、技术水平、部门或其他类别进行划分，系统可以自动列出所有的课程，自动登录学员，跟踪所有学生学习的过程和结业的课程。

2）系统特点

①可扩展性。Lotus LearningSpace 具有充分的灵活性，支持广泛的现有课程和课程开发工具，它所独具的可扩展性使其既可以安装在一台服务器上，满足企业部门级的培训需要，也可以安装在多台服务器上，成为整个企业的远程教学解决方案的基础设施。

②集成性。Lotus LearningSpace 提供了 Java API 和可扩展的体系结构，允许用户把 Lotus LearningSpace 与人事数据库、ERP 和电子商务系统等其他后台应用系统相集成。Lotus LearningSpace 包括一个基于 Java 的应用程序接口来实现与任何关系型数据库或 ODBC 数据库集成，并提供集成手册。模块化设计、基于标准的结构使 Lotus LearningSpace 易于与现有的轻量级目录访问协议（LDAP）系统进行集成，这有助于保护客户的 IT 投资。

③全球化。Lotus LearningSpace 5.0 支持 23 种语言，能够满足全球性实施的要求，可以利用这个网络教学平台在互联网上培训遍布全球的机构和员工。

（2）Oracle iLearning

Oracle iLearning 是一个企业级学习管理系统，是 Oracle's E-Business Suite 的核心组件之一。

1）系统功能

①标准的学习管理系统特性。如自引导注册、目录搜索、基于批准的注册、个人培训日历、协作、考核、评定、学生成绩单、指导教师、报表、工作流通知。

②能力管理。该系统能够分析员工和企业核心价值之间的技能差距。借助能力档案和工作角色分析，该系统可以为员工推荐弥补当前技能差距或员工变换工作角色所需培训内容。在员工成功完成一门课程的培训之后，他们的能力档案将会更新。

③培训路径。该系统能够以预先确定的顺序整合培训内容，因此学习者能够达

到一个特定的目标，比如获得资格认证。管理员可以创建不同培训阶段的培训路径，每一路径都设有自己的完成规则，包括必修和选修课程。学习者个人可创建他们自己的培训路径。

④多种学习模式。该系统支持多种实时、异步培训课堂方式，并加入论坛、聊天等协作式学习。系统与网络会议系统集成，实现无缝设置和提供虚拟培训课堂，支持面授与网络培训相结合的混合式培训。系统可创建一个跨越数天、数周乃至数月时间的集成培训，利用最恰当的媒体来进行每个主题领域的学习，既发挥了网络培训的灵活性，又利用了当面授课的优势。

⑤多种报表和统计分析功能。系统为用户提供带有挖掘和剖析功能的高级特定查询和报表分析能力。借助自安装的解决方案，可以进行复杂的业务分析。

⑥电子商务特性。系统使机构能够建立一种赢利性培训环境。接受电子支付和预先购买学分支付手段。系统可以维护学分订单余额和订单交易历史，以便于进行收入确认。该系统创建人工的借贷事项，以便跟踪对学分订单余额所做的调整，同时可设置在机构作出购买决策时给予的折扣率。

⑦认证考试管理特性。借助可配置的换证周期和通知，系统使机构能够要求员工在特定的期限内完成所提供的课程和相应考试。

⑧资源管理特性。如管理教室和指导人员资源、冲突管理、时间安排、成本管理、注册管理和申请人名单管理。

⑨考核特性。在该系统中，可以从多个题库中提取不同的考题进行静态或动态考核，并记录答复以进行跟踪和报告。系统具有各种测验属性，包括计时考核、打分选项、测验中各部分的顺序、反馈答案和相关多媒体信息提供。系统中在线考核被中断时能够重新开始。考核监考要求一个经过授权的个体在学员开始考试之前访问考题内容。

⑩安全特性。系统具有密码安全特性，规定了用户必须更改密码的频度，包括字母、数字和特殊字符的最大和最小数目限制；基于对象的权限模型，包括用于简化管理的继承性；为基于特定需求或工作职责的分组权限而预定义或由用户创建角色。

2）系统特点

①便捷、集成的培训系统。任何时候、任何地点向任何人提供高效、易于管理、集成、全面的基于互联网的学习解决方案，并可以同 Oracle 公司自主开发的电子商务套件集成，使企业培训能够方便地与企业人力资源管理、财务管理等方面直接挂钩，也使企业能够更有效地进行员工技能差距分析，并在相关的财务政策上

给予支持，确保企业培训能够真正开展。

②统一、连贯、全球化的学习支持。Oracle iLearning 可以快速建立起一个协作学习社区，并通过这个社区把学员、指导人员、内容提供商以及其他相关人员（如主管经理）联系到一起。Oracle iLearning 能够使分散于世界各地的员工采用统一、连贯的方式参加培训，在节省时间和费用的同时，能够贯彻企业制定的教育质量标准。目前，该产品提供了多种语言的版本，包括汉语、英语、法语、意大利语、朝鲜语、日语等。

③高效的学习管理。Oracle iLearning 被设计成访问及管理多种学习模式的一种统一途径，提供了一系列表现学习管理系统特征的标准功能，包括管理内容，指定、发布和跟踪学习，监视和管理学习过程等。与此同时，它还能够使学习和管理以一种具有创新意义的方式来进行，不仅为学习者，而且还为行政管理和内容管理提供了自助式服务。这样一来，学习环境的管理将更快速，成本也更低。

5. 学习管理系统的发展过程

伴随网络教育的发展，学习管理系统大体经历了 4 个发展阶段：

(1) 第一阶段——普通的学习资源库

普通的学习资源库也称为内容管理系统（Content Management Systems，CMS）

在网络技术发展的初期，一些大学、公司和培训机构开始有意识地开发专门的网络资源库，用来存储和管理教学资源，从而减少开支，使学习者可以自主地学习，也丰富了知识的传播途径。当学习者需要学习一项新的技能的时候，它可以随时随地登录到网站，选择一个基于 Web 的课程来自学。网络资源库消除了分发光盘或者纸质学习手册的麻烦，同时，学习者不需要像在课堂学习一样的必须等待这个课程开课才能够参与学习；但其功能仅限于资源管理，资源格式与管理技术不统一，难以广泛共享。

(2) 第二阶段——学习管理系统（Learning Management Systems，LMS）

学习管理系统源于培训自动化系统，具有用户注册管理、课件目录管理、学习者的信息数据记录等功能，但一般不具备教学内容制作的功能。学习管理系统使企业能够跟踪员工的学习需求，以及员工、客户甚至分销商在知识方面的要求。作为一个战略上的计划，企业内部的学习管理系统将企业的目标和员工的工作、学习和能力联系起来。同时，知识管理系统提供了一系列相关的课程、书籍以及培训事件，并通过课堂或者电子化学习系统向员工传递。

（3）第三阶段——学习内容管理系统（Learning Content Management Systems，LCMS）

学习内容管理系统是最初为高等教育开发的传统课件管理系统的发展版，旨在帮助没有技术经验的教师或资源专家设计、创建、发布和管理网络课件。同时，学习内容管理系统能够对用户进行管理，可以跟踪学生的学习进度并及时调整以适合学习者的学习需要。学习内容管理系统使学习内容的共享和教学系统的交互成为可能。学习内容管理系统就是“以学习对象的形式来创建、存储、组装和传输个性化学习内容的系统”。尽管不同的学习内容管理系统具有不同的特性和功能，但都具有一些共同的组件：

1）内容编辑。允许非专业程序员通过建立新的或重用已有的学习对象来编辑E-learning的内容。

2）内容服务。动态传输接口，为基于学习者档案、预备考试或用户序列的内容服务。

3）教务应用。用来管理学生成绩、登录课程，跟踪学生进度。

4）中心数据库。用来存储和管理来自大量媒体（Web，CD-ROM，印刷品）的学习内容，或者作为个人物件或一个大课程结构的部分。

5）内容与程序分离。内容和编程逻辑通过XML予以分离。

（4）第四阶段——通用网络教学平台（Web-based Instruction Platforms）

通用网络教学平台在既有教学系统的基础上，从对教学过程（课件的制作与发布、教学组织、教学交互、学习支持和教学评价）的全面支持，到教学的管理（用户与课程的管理），再到与网络教学资源库及其管理系统的整合，集成了网络教学需要的主要子系统，形成了一个相对完整的网络教学支撑环境。

能力要求

如何实现课件开发与学习管理系统的对接

开发网络课件《颈椎病的防与治》，并与某学习管理系统进行对接。该网络课件为三分屏类型课件。

工作程序

程序1　明确该学习管理系统的课件标准

（1）视频技术要求

1）课件要求能在 300Kbps 的网络带宽下，全屏流畅观看所有类型的课件。

2）播放课件所需要的软件环境为：Microsoft Windows98 及以上版本的操作系统；Microsoft IE6.0 及以上版本的浏览器；Microsoft Media Player9.0 及以上版本媒体播放器。课件需要在各种软件环境下测试通过。

3）课件如果采用流媒体格式，需统一使用 WMV 格式压缩，编码器要求采用 Windows Media Video 9 和 Windows Media Audio 9 格式来压缩原始多媒体文件；视频分辨率基本要求为 320×240 或 352×288；帧速率为 15～25 fps；音频可以采用单声道压缩。

4）课件中的流媒体以 MMS 协议的形式发布，保证学员在观看时能自由拖动播放进度条。

检查课件的视频是否符合学习管理系统的要求，操作说明：在课件视频播放窗口点击右键（见图 2—2），选择“属性”选项，弹出显示视音频属性窗口（见图 2—3）。查看其视音频属性窗口上的①②③部分内容是否符合学习管理系统要求。

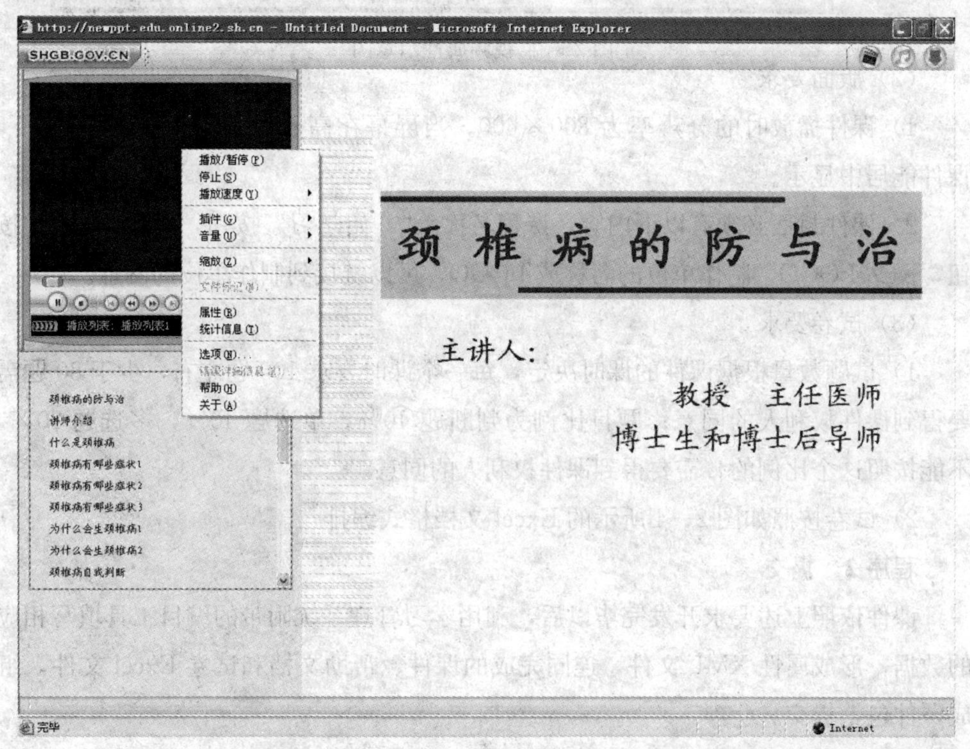

图 2—2　课件示意图

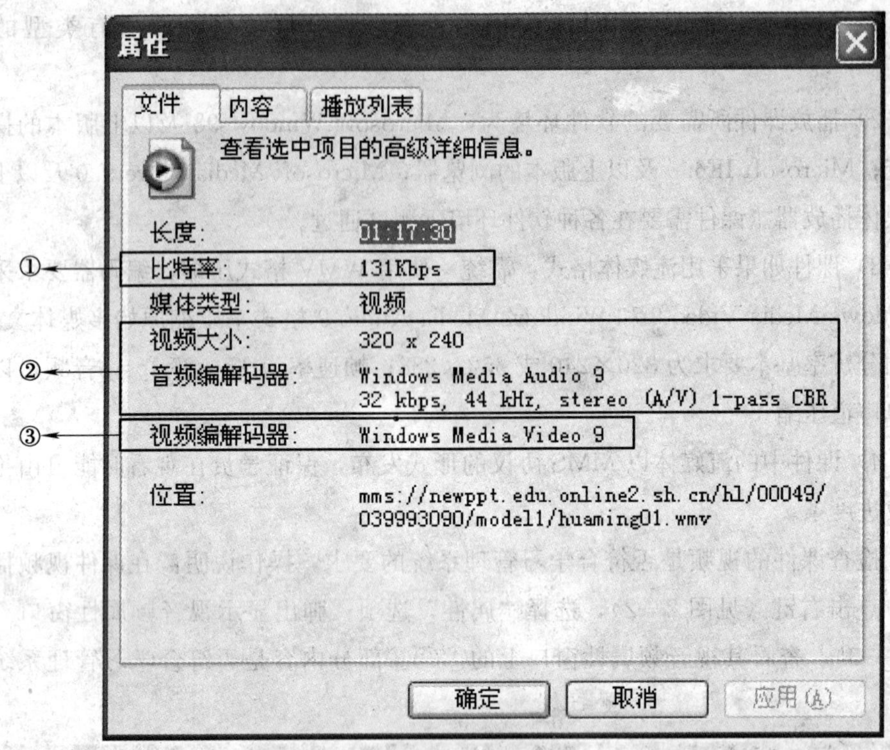

图 2—3　视频属性示意图

（2）版面要求

1）课件播放时的分辨率为 800×600。当屏幕在高于 800×600 的分辨率下，课件能居中显示。

2）课件封面必须有以下内容：课程名称，“开始学习”按钮，“课程说明”按钮，网站 LOGO，制作单位的名称或 LOGO，可以链接到制作单位的网址。

（3）试卷要求

1）试题数量根据课件的课时决定，每一个课时要求 100 题左右，少于 80 题需要得到课件权利人的同意；题目比例为判断题 40%，单选题 40%，多选题 20%，不能按照这个比例的，需要得到课件权利人的同意。

2）试卷按照如图 2—4 所示的 Excel 文档格式编排

程序 2　提交

课件依照上述要求开发完毕以后，利用学习管理系统附带的编目工具填写相应的数据，形成属性 XML 文件，连同完成的课件、帮助文档和试卷 Excel 文件，组成课件包，提交。

程序 3　审核并发布

课件提交后，学习管理系统管理人员对课件进行技术上和内容上的审核，通过

<table>
<tr><th></th><th>A</th><th>B</th><th>C</th><th>D</th></tr>
<tr><td>1</td><td>试卷标题：</td><td>《课程名称》</td><td></td><td></td></tr>
<tr><td>2</td><td>试卷类型：</td><td>考试</td><td></td><td></td></tr>
<tr><td>3</td><td>课件编号：</td><td></td><td></td><td></td></tr>
<tr><td>4</td><td>试题类型</td><td>试题内容</td><td>试题可选答案</td><td>试题标准答案</td></tr>
<tr><td>5</td><td>判断题</td><td></td><td>对|错</td><td>对</td></tr>
<tr><td>6</td><td>判断题</td><td></td><td>对|错</td><td>错</td></tr>
<tr><td>7</td><td>单选题</td><td></td><td>(1)样张|(2)样张|(3)样张|(4)样张</td><td>1</td></tr>
<tr><td>8</td><td>单选题</td><td></td><td>(1)样张|(2)样张|(3)样张|(4)样张</td><td>2</td></tr>
<tr><td>9</td><td>多选题</td><td></td><td>(1)样张|(2)样张|(3)样张|(4)样张</td><td>1,2</td></tr>
<tr><td>10</td><td>多选题</td><td></td><td>(1)样张|(2)样张|(3)样张|(4)样张</td><td>1,2,3</td></tr>
<tr><td>11</td><td></td><td></td><td></td><td></td></tr>
<tr><td>12</td><td colspan="4">注：多选题"试题标准答案"栏目内，答案选项间隔请用半角逗号。</td></tr>
</table>

图 2—4　试卷格式示意图

审核后，交由后台管理人员将课件上传入学习网站的课件服务器，把 XML 导入到课件数据库中去，最后确认无误后在学习管理系统中进行发布。

第 2 节　构　件　技　术

学习目标

➢ 了解构件的基本概念

➢ 掌握构件分析技术

➢ 能够分析课件的构件技术

知识要求

随着人们对软件需求的飞速增长，为有效解决软件的开发和生产能力不足的现状，要求软件开发方法朝着实用化和构件化方向发展。

1. 构件的基本概述

(1) 构件的基本概念

构件是指语义完整、语法正确和有可重用价值的软件组成成分（或称为单位软件），是软件重用过程中可以明确辨识的系统。构件主要被用来构造其他软件，它的呈现形式包括被封装的对象类、类树、一些功能模块、软件框架、软件构架（或体系结构)、文档、分析件、设计模式等。构件分为构件类和构件实例，构件类可以通过给定的参数生成构件实例，构件实例通过组装和控制构造出相应的应用软件。

构件的意义超越了技术层面的代码集合，而是真正做到与业务层面的内容相映射。构件将成为表达业务需求的最小单元。在特定行业中，通过积累可以形成相对完备的客户业务需求构件库，以构件组装的形式快速搭建客户的应用，以构件修改和构件增减的方式快速满足客户业务需求的变化。

（2）构件的基本属性

1）构件是可独立配置的单元，因此构件必须自包容。

2）构件强调与环境及其他构件的分离，因此构件的实现是严格封装的，外界没机会或没必要知道构件内部的实现细节。

3）构件可以在适当的环境中被复合使用，需要提供清楚的接口规范，可以与环境交互。

4）构件不应当是持续的，即构件没有个体特有的属性，理解为构件不应当与自身副本区别，在任何环境中，最多仅有特定构件的一份副本。可以看出，构件沿袭了对象的封装特性，但同时并不局限在一个对象，其内部可以封装一个或多个类、原型对象甚至过程，其结构是灵活的。构件突出了自包容和被包容的特性，这就是作为软件生产线上零件的必要特征。

（3）构件的粒度

构件的粒度是指一个构件或一组构件能够提供多少的功能。粒度主要用于评价重用的效率，粒度小的构件，构件之间结合紧密、成本较低，没有很强的定制性，并且功能独立，但不足以解决异构互操作和效率更高的重用；粒度大的构件能提供比较强大而丰富的功能，但不易被定制。因此粒度的划分是设计构件模型的过程中要解决的主要问题之一。

（4）面向构件开发模式的优点

1）提高软件生产率，减少开发时间和费用。

2）提高软件质量，使软件可靠性增强。

3）降低开发风险。

4）简化软件开发流程，使得软件开发易于管理。

5）降低软件维护的难度、工作量和费用，且有可能延长运行期以提高软件系统的效益。

6）共享有关建立系统的知识，便于学习系统结构的优化和建立好的系统，促进软件开发过程的标准化。

7）易于提供文档资料。

2. 构件技术分析

（1）构件分类（见表 2—2）

表 2—2　　　　　　　　　　构件分类表

分类依据	具体名称
按照开发过程分类	分析件，设计件，程序件，数据件
按照功能分类	基础层为基本数据类构件和系统支撑构件；中间层为各种通用的中间件；顶层为针对领域的专用构件或子系统构件 注意：从粒度上看，通常底层的粒度较小，而顶层的粒度较大
按照使用方式分类	动态，静态
按照构件的结构分类	原子构件，由多个构聚集的组合构件
按照编译格式分类	黑盒构件（黑盒构件是已编译成二进制格式的构件，独立且不能直接修改），白盒构件（白盒构件是源代码构件，具备可读性，开发人员在使用时可以直接修改）

（2）构件语言

构件是为了重复使用，因此就必须遵循一定的规范，通过语言的功能来实现规范是一种极好手段。按照应用软件开发过程分类，可以提供下述构件语言：

1）构件描述语言。构件描述语言用来描述构件的规格说明，即描述设计件；也可用来检索已有的可复用构件，是设计构件检索语言的依据。

2）构件编程语言。构件编程语言可以采用现在流行的各种编译程序，如 VC，VB，Java 等。

3）过程控制语言和系统集成。通过过程控制来制作专用构件、子系统构件和应用软件，要提供连接和嵌入的功能，包括界面的开发功能、构件库的管理和实例生成，要提供数据库设计和数据库连接的功能，提供大量的基本构件、中间构件及 APL，如 PB，Delphi 等。

（3）构件接口技术

随着近年来软件开发技术的不断发展，构件技术已成为软件开发的主流技术，构件的使用给软件产业带来了新的出路与希望。软件开发人员也希望能够充分借鉴模块化工业产品设计的生产经验，建立一批专门从事生产软件构件的企业。为了促进基于软件构件技术的企业级软件开发，工业界提出了若干构件模型。这些构件模型定义了开发、使用、部署、运行和维护软件构件所必须遵循的协议和标准，即构件接口技术。构件接口抽象地描述每个构件的外部行为，并以此作为其他构件的使用依据，包括语法级、语义级两层：前者刻画怎样调用一个构件的操作，后者刻画对构件操作的期望结果。

国际上已经形成了几个主要的构件模型及其规范，比较有影响的 3 个主要流派是 OMG（Object Management Group，对象管理组）的 CORBA（Common Object Request Broker Architecture，通用对象请求代理结构）、Microsoft 公司的 DCOM（Distributed Component Object Model，分布式构件对象模型）和 Sun 公司的 EJB（Enterprise Java Bean），这些不断完善的模型将构件的接口与实现有效分离，提供了构件交互的能力，从而增加了重用机会，在复杂的 IT 环境中能够更灵活并且更快速地响应不断改变的业务需求。

（4）面向构件的软件开发模式

伴随软件构件技术的日趋成熟，大量的构件作为现成的商品在构件市场出现，使得面向构件的软件开发模式逐渐成为主流。其核心思想是通过购买适合构件在已定义好的软件体系结构约束下组装生成新的应用系统。它是对传统的软件开发的一种改变，使软件开发从代码开发转移到对已测试的并且在内部互操作的构件的集成上，是软件复用的一种实例。

与传统的软件开发相比较，面向构件的软件开发模式开发具有以下特点：

1）即插即用。构件应该能够与其他的构件或框架即插即用，使得构件能在运行时被组装，而不用重新编译。

2）以接口为核心。构件的接口和实现是分离的并且隐藏实现的细节。构件通过接口与其他构件或框架交互，构件的具体实现被封装在内部，组装者只需关心接口，不必知道其实现的细节。

3）以体系结构为中心。构件按已定义好的软件体系结构来设计，使得它们可以与其他的构件或框架进行互操作。

4）标准化。构件的接口必须严格地标准化，使它们可由众多的构件商大规模制造并被广泛复用。构件标准是构件技术成熟的标志之一。

5）通过市场竞争刺激各类构件开发。大量成熟的构件可以由竞争市场获得，通过对构件商的刺激，为软件生产提供更广阔的选择空间。

6）面向构件的软件开发模式可以提高软件生产的效率。通过构件组装应用软件，仅仅编写系统新特征所需的少量代码要比“从零开始”编写一个完整的应用快得多。像计算机硬件行业一样复用构件组装新系统是提高生产率的一种非常有效的方法。

7）面向构件的软件开发模式能够带来高质量和高可靠性的软件产品。复用已存在的构件构造新的应用系统就意味着该应用程序的绝大部分代码是已被彻底测试过的。尽管集成后的系统仍需要测试，但针对同一系统而言，比使用传统的开发方法的系统可靠性高，因为构件开发中的每一个二进制构件代码本身已经是可以工作的了。

8）面向构件的软件开发模式可以让软件开发者更多地关注系统的业务逻辑问题。使用构件组装系统的过程中，系统的开发者可以关注业务逻辑问题而不必为低层的编程细节分心。

9）面向构件的软件开发模式能够节约开发成本。因为基于构件复用的开发支持在更少的时间内开发出更高可靠性的产品，所以降低了软件开发成本。从另外一个角度看，由于构件供应商开发及维护构件是针对多个用户的，该构件的开发及维护费用被该构件使用者分担。

10）面向构件的软件开发模式很容易支持语言和开发环境的混合与匹配。用各种语言编写的构件能够方便地用于其他的语言，甚至其他的机器环境中。构件模型提供的标准包方案使这种移植成为可能。

（5）构件开发流程

按照一定流程进行构件开发是提高系统开发效率，缩短系统开发周期的关键所在。一般来说，构件开发分为必要性分析、构件设计、构件实现、构件测试与部署、构件集成及构件评价与维护。其具体流程如图 2—5 所示。

（6）面向构件的多媒体课件开发模式

课件尤其是多媒体网络课件的开发，是一项巨大的系统工程，当每个课件的开发都是从头开始时，开发过程中就必然存在大量的重复劳动，例如：需求分析的重复、用户分析的重复、课程设计和程序设计的重复、代码编写的重复、测试的重复和文档工作的重复等。高质量的课件开发周期往往很长，而现在的教材以及培训的需求却是在不断变化的，因此造成了很多课件刚刚开发制作完成，就已经不能适应新的课程需要了，有的甚至还在开发中，课程的体系结构和内容就发生了变化，课件开发设计人员必须重新根据课程进行设计开发，造成大量的人力、物力的浪费。

此外，课件对教学设计和多媒体信息素材的固化，对其进一步的普及应用和发展造成严重阻碍作用。越来越多的课件开发人员认识到传统多媒体课件开发模式的弊端，并开始逐渐萌生构件思想，即充分借鉴面向构件的软件开发模式，将其引入多媒体课件的开发流程，从而有效克服多媒体课件的专用性、封闭性、不可重组性和对教材的依赖性等缺点。在面向构件的多媒体软件开发模式下，教学设计、编程实现与多媒体信息等资源互相分离，开发人员可以根据教学设计，选择不同的构件与多媒体信息资源进行快速装配和集成。

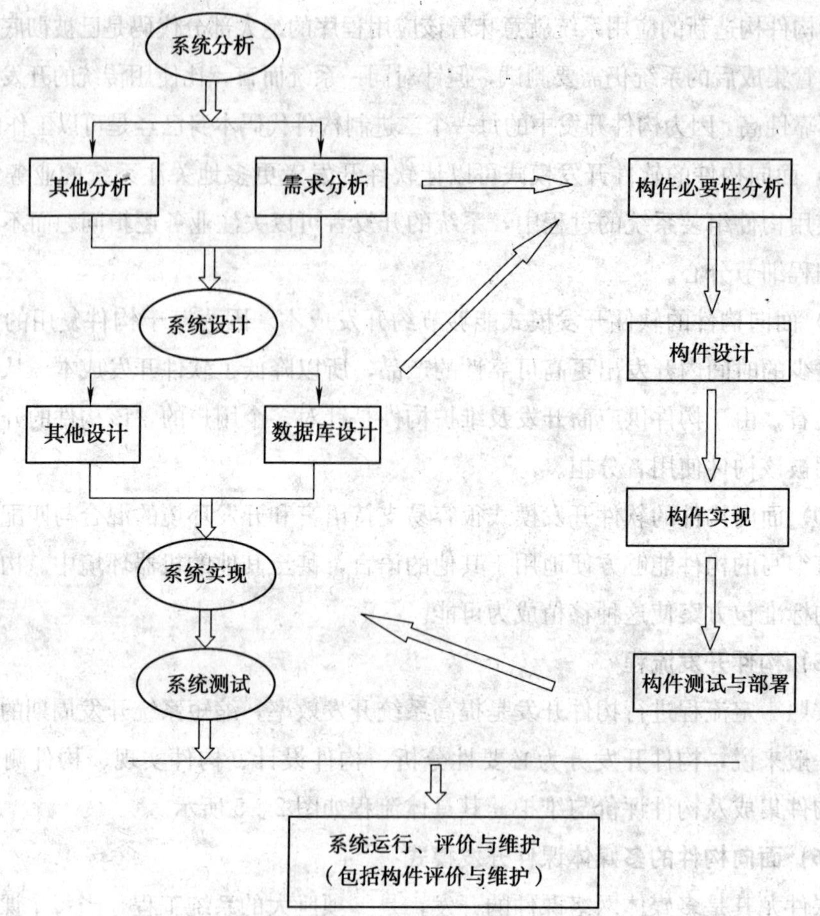

图 2—5　构件开发流程图

伴随着对构件技术的深入研究，面向构件的多媒体课件开发模式已经逐步在实际开发工作中得到广泛应用。面向构件的多媒体课件开发是一种软件开发手段，在课件开发同期的不同阶段和不同方面——包括需求分析、框架设计、测试、项目管理等，都以构件为基础，同时为了使构件可随时用于组装，这些构件必须作为课件开发项目的零件来建造。采用构件技术进行课件开发，可以减少程序的代码量，提高课件开发效率，实现开发过程的标准化和模块化；同时，随着构件重用度的提高，还可以减少开发课件的综合成本。

以下以多媒体课件开发为例，重点介绍多媒体课件开发的构件技术、开发流程和开发优势。

1）基于构件技术的多媒体课件基本介绍。多媒体课件的构件简单地说是可复用的课件组成成分，可被用来构造其他课件，是课件中可以明确辨识的构成成分。而可复用构件是指具有相对独立的功能和具有复用价值的构件，它可以是被封装的对象类、类树、一些功能模块、课件框架、课件体系结构、文档、设计模式等。构件分为构件类和构件实例，通过给出构件类的参数，生成实例，通过实例的组装和控制来构造相应的课件。这种可复用的构件并不局限于源代码构件，而是延伸到需求、系统和课件的需求规约、课件系统的构架、文档和数据以及其他对多媒体课件开发有用的信息，这些都可以作为可复用的构件。同时，复用是指重复使用“为了复用目的而设计的软件”的过程。而那些为了复用目的而设计的软件或在一个应用系统的部分重复使用代码的过程，这些行为都不属于严格意义上的复用。

2）基于构件技术的多媒体课件开发流程。基于构件技术的多媒体课件开发流程可采用瀑布模型，完整的课件开发流程如图 2—6 所示。需求分析主要是确定目标系统的逻辑模型，对应用领域已有系统、预期的需求变化和技术演化等因素进行全面分析，从而确定整体框架，以实现课件在框架层次的复用；构件的选择有多种方式，可以在现有的构件库中选取构件，从市场上购买商业公司构件及自行设计构件等，确认构件后，应该通过测试工具完成测试，在保证实现构件功能的前提下，确保构件接口的规范性和通用性；最后将各种功能构件装配成模块或者打成包，然后对经构件组成的课件进行测试，即系统测试；最后，发布课件。

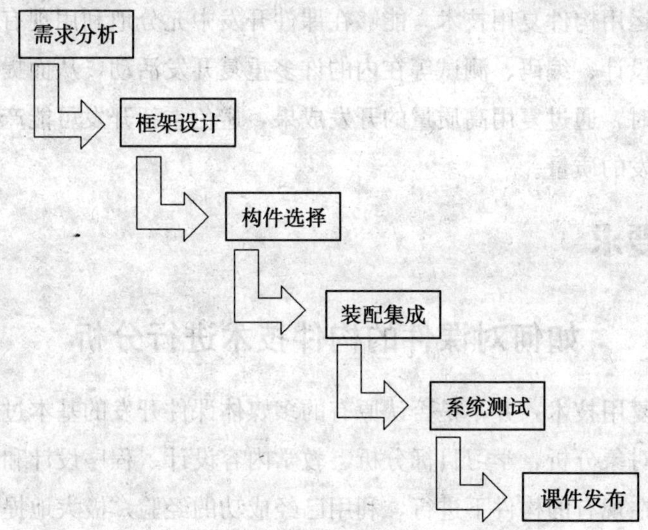

图 2—6　课件开发流程图

3）基于构件技术的多媒体课件开发优势。当前我国课件开发总体还处于程序设计时代，开发模式多采用作坊个体生产方式。以个人或单个组织的能力是难以完成一个系统化课件开发任务的，而且容易受到诸多不利因素制约，如开发周期过长、成本过高、效率低下、质量难以保障等问题，尤其是不同课件之间缺乏可以复用的构件，所以开发者在进行新课件开发时，必须重新进行需求分析、系统设计和代码编写等工作，耗费大量人力、物力和时间，而且所开发的课件不能快速适应教学环境和教学要求的动态变化。

通过分析多媒体课件的本质，可以发现多媒体课件通常包含以下 3 种类型的构件：

一是通用基本构件。通用基本构件是课件中的基本构成成分，例如基本的数据结构、用户界面元素等，它们以不同的形态存在于各个课件中。

二是类型共性构件。类型共性构件是课件所属类型的共性构成成分，它们存在于该类型的各个课件中。

三是专用构件。专用构件是每个课件的特有构成成分，例如语音、3D 模型、识别等核心技术类。

根据课件的特点，其开发过程中的重复劳动主要集中在通用基本构件和类型共性构件部门，而构件复用技术能够在课件开发活动中有效避免重复劳动。其出发点是课件开发不再采用一切“从零开始”的模式，而是充分利用已有开发工作的基础，发掘以往课件开发过程中积累的软件元素，例如需求分析结果、设计方案、程序代码、测试用例等，从而将课件开发的重点集中于课件特有构成成分的实现。

通过合理运用构件复用技术，能够在课件开发中充分地利用现有开发成果，减少包括分析、设计、编码、测试等在内的许多重复开发活动，从而提高课件开发的整体效率；同时，通过复用高质量的开发成果，避免重新开发可能产生的错误，从而提高课件开发的质量。

能力要求

如何对课件的构件技术进行分析

应用构件复用技术，并不是否认原有的多媒体课件开发的基本过程，课件开发还要包括学习对象分析、学习目标分析、教学内容设计、程序设计和评价修改，但这些过程都是在现有的构件下进行，利用已经成功的经验，极大地提高开发效率和开发质量。构件复用技术的多媒体课件开发模式主要包括 3 个部分：构件的获取，构件的复合组装和课件的评价修改。

工作程序

程序 1　构件获取

构件获取是指有目的的构件制作和合法地从已有系统中挖掘提取构件。

多媒体课件的制作是一个大的系统工程，中间有许多的环节，包括课程设计、课件框架、文档、设计模式等，可以把每一个环节看作一个构件，在开发之初就应该对这些环节进行筛选，找出哪些是已有的构件，哪些是需要改造和自主开发的构件。

多媒体课件所需要的构件的获取手段有很多种。对于已有的构件既可以通过商业购买得到，也可以在现有课件系统中发掘、提炼和制作可复用构件，而对新的需求就需要进行自主开发新构件或者是在获得构件修改权基础上对现有构件进行修改。

对于当前开发的课件所特有的、需要进行自主开发的构件，也应按照标准构件的开发方法制作，以备用于以后的课件开发。

首先要定义构件模型，规定其接口的结构以及构件与软件构架、构件与构件之间的交互机制，提供创建和实现构件的指导原则。采用标准化的构件能便于课件制作者接受，并快速地应用到开发实践中。现有的构件模型一般认为构件由构件接口和构件内容两部分组成：构件接口就是为成功复用该软件实体而需要提供给外界的所有信息，包括构件向外提供的和请求的服务，构件的自述信息和定制信息，构件的初始化、实例化和永久化方法以及构件对目标复用环境的依赖和构件组装信息等；构件内容就是用于直接复用的课件实体，它可以具有源代码、二进制码、文档、分析设计模型和脚本等不同的物理形态，并遵从一定的格式标准。

其次是以构件模型为基础，解决构件的精确描述、理解及组装问题。构件描述语言的基本思想是将构件视为黑盒，通过描述构件接口的语法和语义向外界提供构件的结构和行为信息，使构件复用者不必关心其内部细节。

最后进行具体构件的编写。

所有的多媒体课件的构件模型都应该提供该构件的开发和封装工具，或者一整套构件开发和构件组装的指导原则，为课件开发者提供工具辅助和技术支持。构件开发者则利用特定领域的开发经验制作能够满足某些领域普遍需求的可复用的多媒体课件的构件。目前已经有一些面向 GUI、数据库和网络的 VBX 与 ActiveX 控件，以及众多的类库、DLL 接口和 API 和 KO（Knowledge Object），这些源代码和目标码构件虽然不是特定为多媒体课件所设计制作的，但适当改造后就能大大提高多媒体课件开发的工作效率。所有的构件都必须经过严格的测试和认证，在构件库中进行统一管理。对于外来构件，除了要考察其质量和可用性，还必须考虑日后构件维护和版本升级的成本。

程序 2　构件复合组装

构件复合组装是指在构件模型的基础上对获得的构件进行组装，包括源代码级的组装和基于构件对象互操作性的运行级组装。

基于构件的开发通过构件组装将得到最终应用系统，构件组装必须以某个课件的框架或构架为蓝图，实际上可以看作是用构件实例将课件构架具体化的过程。构件组装技术以构件模型、构件构架描述和开放系统技术为基础，成功的组装必须以开放构件模型和规范的构架描述（包括对构件连接和交互协议的严格定义）为基础，构件实例必须符合系统中其他部分的要求。分布式课件总线、事件登记和回调、构架描述语言、脚本语言和代码生成技术都为构件组装，尤其是运行级的构件组装提供了有力的支持。

当前流行的构件组装技术主要有 OLE 技术、Java 技术。OLE 是 Microsoft 公司开发的支持对象连接嵌入的机制，最初的开发目的是为了解决复合文档问题。OLE 为构件对象的相互操作提供了基础支持，因此，也为构件的黑盒复用提供了技术基础。Java 是近几年随着 Web 风行全球而发展起来的一种新语言，它是一种纯面向对象的语言，外观像 C++，内核类似 Smalltalk。Java 和 Web 的结合带来了移动的对象、可执行的内容等关键概念。Java 具有体系结构中立的特性，从而使得 Java 程序可不需修改甚至重编译而运行于不同平台之上。Java 的新版还加入了远程方法调用（RMI）的特性，在效果上，RMI 提供了类似 CORBA 的 ORB 的功能。Java 的这些特性使其成为软件构件技术的良好支持工具。用 Java 书写的构件将具有平台独立性和良好的互操作性。这些技术为构件组装提供了很好的技术支持，同时它们也为构件提供了实现标准。软件复用和分布对象技术的结合使得即插即用的构件黑盒组装成为可能。

程序 3　课件采用构件技术开发后的分析评价与修改

利用构件复用技术可以有效制约多媒体课件开发的方向，保障开发过程的顺利进行，提高开发效率和开发质量，但多媒体课件的评价和修改仍然是开发过程中一个不可缺少的环节。课件开发完成后，评测人员可以参考国家教育部教育软件评审组制定的课件评价标准，从功能性、可靠性、使用方便性、程序设计技巧和商品化程度 5 个方面去评价多媒体课件。

思 考 题

1. 运用所学过的知识，简要叙述学习管理系统和学习内容管理系统的内容。

2. 选择一门课程，运用所学过的知识，分析如何运用构件思想去设计其网络课件。

第3章

课件开发管理

第 1 节　项目成本估算

学习目标

- 了解项目成本估算的概念
- 掌握项目成本估算的基本方法
- 能够进行课件项目成本估算

知识要求

1. 项目成本估算的概念

项目成本管理是项目管理的一个重要组成内容，是指在规定的时间内，为保证实现项目的既定目标，针对项目实际发生的费用支出而展开的项目资源计划编制、项目成本估算、项目成本预算和项目成本控制等方面的管理活动。

项目资源计划编制是指确定为完成项目各活动需什么资源（人、设备、材料）和这些资源的数量，从而能够生成项目产出物的这样一种项目管理活动；项目成本估算是指估算完成项目活动所需资源的大致成本；项目成本预算是把估算的总成本分配到各个工作细目中，建立基准成本以衡量项目执行情况；项目成本控制是指在项目的实施过程中，努力将项目的实施成本控制在项目成本预算范围内的一项成本管理工作。

在实际工作过程中，上述这些项目成本管理工作相互之间并没有严格和清晰的界限，它们通常互相重叠和互相影响。其中，项目成本估算是项目成本管理的核心。

项目成本估算是项目成本管理的起点工作，是根据项目的资源需求计划以及各种资源的价格信息来估算和确定项目各项活动成本的工作。通常包括初步项目成本估算（量级估算）、技术设计后的成本估算（预算）和详细设计后的成本估算（最终估算）等不同精度的项目成本估算。在项目初期，许多具体情况不能确定，所以只能粗略估计项目的成本；当完成了技术设计之后，就可以进行比量级估算更精确的估算；到了详细设计之后，项目的各种细节已确定下来，就可以进行更为精确的最终估算。综上所述，在整个项目生命期内，项目成本估算的准确性随着项目的绩效而不断提高。

课件项目的成本从财务角度来看，包括以下内容：

(1) 硬件购置费，如计算机及相关设备的购置费或者折旧费用。

(2) 软件购置费，如系统软件、制作软件、数据库系统软件和其他应用软件的购置费。

(3) 专家费用，包括讲师酬金、专家酬金及其他劳务费用等。

(4) 开发项目费用，主要是开发人员、操作人员、管理人员的工资和福利等。

(5) 维护、培训费用。

(6) 财务费用。

(7) 管理费用，如办公费、差旅费、会议费、交通费。

(8) 材料费，如打印纸、光盘、墨盒等的购置费用。

(9) 水、电费用。

(10) 专有技术购置费。

(11) 其他费用，如资料费、固定资产折旧费及咨询费。

上述网络课件的成本中，除网络课件的开发项目费用和维护费用需要估算外，其他费用均可直接确定。课件开发成本估算主要指课件开发过程中所花费的工作量及相应的代价，其中相当一部分是支付课件开发人员脑力劳动报酬的费用。网络课件的开发估算有许多方法，目前比较流行的是在 WBS（任务分解结构）基础上的全面详细估算方法。

2. 项目成本估算的基本方法

项目成本估算的方法有很多，依照美国项目管理协会的定义，成本估算的工具和技术主要有：类比估算、确定资源费率、自下而上估算、参数估算、项目管理软件、供货商投标分析、准备金分析、质量成本。本书重点介绍最常用的 3 种估算方法，即类比估算法、参数模型法和自下而上估算法。

（1）类比估算法

类比估算法也称经验估算法或自上而下估算法，多用在已有类似项目完成的情况下。它是把以前类似项目的实际成本作为估算当前项目成本的基本依据。譬如，某教育软件公司要开发第二个网络课件，那么开发这一网络课件的成本数据可以将已开发完成的第一个网络课件的成本作为基础，并结合第二个网络课件开发的实际情况就可估算出拟建项目的成本。按这一方法进行估算，要求估算的人有丰富的专业知识和项目建设经验，以保证所作的估算有足够的参考价值。因此这一方法的特点就是依靠上层或中上层管理人员的经验和判断，以及可以获得的关于以往类似活动的历史数据，上层和中层管理人员可以估计出对项目整体的成本和构成项目的子项目的成本，并将这种数据估算和判断自上而下地传给低一层的管理人员，在此基础上他们对组成项目和子项目的任务和子任务的成本构成进行细分估计，然后，再向下一层传递他们的估计，直到最底的基层。

类比估算法的这种过程是由上到下一层一层地进行的，同项目一样被分解为更丰富的细节，从最上层或者是最为综合的层级一层层向下分解。在实际操作中，可能会出现下层人员认为不足以完成任务的情况，但是这时下层人员并不一定会表达出自己对该估算的不同见解，以致上下层无法共同讨论得出更合理的预算分配方案。而下层人员往往会保持沉默等待上层自行发现问题并纠正，这可能会导致项目的进行出现问题，甚至失败。

类比估算法的优点是它可以在很短的时间内获得大致的成本数据，使项目的费用能够控制在有效率的水平上。但由于影响项目成本的因素较多，同类项目在不同的时间或地点的投资额可能会有很大差别。所以，这种估算的误差较大，只能是一种近似的猜测。因此，这种根据经验估算的类比估算法主要适用于机会研究，作为提出项目任务在考虑投资时作参考。

（2）参数模型法

参数模型法是一种比较科学的方法，它立足于过去对成本产生影响的各种因素在现在和将来仍然起作用这一前提，以过去建设同类项目的资料为基础，运用一定的数学方法进行加工、处理和推理，利用项目特性参数建立模型来估算项目成本。参数模型法重点集中在成本动因（即影响成本最重要因素）的确定上，这种方法并不考虑众多的项目成本细节，因为项目的成本动因决定了项目的成本变量，并且对项目成本有举足轻重的影响。参数模型法能针对不同项目成本元素分别进行计算，例如，软件研制的人工时数、软件大小等都是软件开发项目的成本动因。它的优点是快速并易于使用，它只需要一小部分信息，即可据此得出整个项目的成本费用。另外，参数模型法的准确性在经过模型的校准和验证后，至少可以与其他估算技术一样准确。这种方法的缺点是如果不经过标准的验证，参数估算模型可能不准确，所以估算出的项目成本精度不高，而如果用于校准、验证的历史数据不适用或有问题，则估算出的成本误差较大。

(3) 自下而上估算法

自下而上估算法是先算出各个独立工作的成本，然后再自下而上汇总，从而估算出项目总成本的一种方法。这种方法是对项目所有部分进行全面的细致分析，项目的每一个环节的成本都要逐项落实，分别详细估算。自下而上估算法通常包括以下 3 个步骤：

1）对项目需求做出一个完整的限定。项目需求的完整限定应包括工作报告书、规格书以及总进度表。工作报告书是指实施项目所需的各项工作的叙述性说明，它应确认必须达到的目标，如果有资金等限制，该信息也应包括在内；规格书是对工时、设备以及材料标价的根据，它应该能使项目人员和用户了解工时、设备以及材料估价的依据；总进度表应明确项目实施的主要阶段和分界点，其中应包括长期定货、原型试验、设计评审会议以及其他任何关键的决策点，如果可能，用来指导成本估算的总进度表应含有项目开始和结束的日历时间。

2）制定完成任务所必需的逻辑步骤，编制任务分解结构（WBS）表。一旦项目需求被勾划出来，就应制定完成任务所必需的逻辑步骤。在现代大型复杂项目中，通常是用箭头图来表明项目任务的逻辑程序，并以此作为下一步绘制 CPM（Critical Path Method）或 PERT（Program Evaluation and Review Technique）图以及 WBS 表的根据。关于任务分解结构（WBS）将在本章后面的内容里进行详细介绍。

3）成本估算。进度表和 WBS 表完成之后，就可以进行成本估算了。在大型项目中，成本估算的结果最后应以下述的报告形式表述出来：

①对每个 WBS 要素的详细费用估算。要求有各项分工作、分任务的费用汇总表，以及项目和整个计划的累积报表。

②每个部门的计划工时曲线。如果部门工时曲线含有“峰”和“谷”，应考虑对进度表作若干改变，以得到工时的均衡性。

③逐月的工时费用总结。以便在项目费用必须削减时，项目负责人能够利用此表和工时曲线作权衡性研究。

④逐年费用分配表。此表以 WBS 要素来划分，表明每年（或每季度）所需费用。此表实质上是每项活动的项目现金流量的总结。

⑤原料及支出预测。它表明供货商的供货时间、支付方式、承担义务以及支付原料的现金流量等。

自下而上成本估算法受各个单位的单项估算制约，由于参加的单位较多，因此用于成本估算的成本也会增加。在这种估算方法中，大量工作都是在中下层进行，并逐层向上传递和沟通，在这个过程中，项目的每个单元任务以及它们的时间和预算被估算出来，同时尽可能精确地确定费用。所以这种方法估算结果比较精确，但耗用时间长，费用支出大。

在项目工作的不同时期，可以分别使用上面的 3 种方法。在项目处于选择和计划时，只能采用类比估算法；当项目经过筛选后，可以用参数模型法来进行可行性研究；设计已经完成，项目目标确定后则可采用最后一种方法进行详细估算。在项目管理中，并不是一定需要用到每一种方法，至于用哪一种或哪几种方法取决于项目管理的要求。一般来说，对于项目的主要部分，如设备投资、基础设施及主要原材料投资等数额大而计算不太复杂的事项应用自下而上法进行详细的成本估算；而对于其他部分，特别是那些内容比较复杂而费用额又较少的事项可以按类比估算法或按参数模型法进行估算。这样，估算结果既具有一定的精确性，又节省时间和费用。

课件成本估算主要是对要开发的课件项目的工作量和工作进度做出估算。课件的成本估算是课件成本管理的核心之一，是预测开发一个课件系统所需要的总工作量的过程，对课件开发的设计、决策和实施具有重要影响。为了更为精确地对课件项目进行成本估算，除了掌握一般项目成本估算的方法以外，还需要对课件项目的开发流程以及课件项目开发成本因素有所了解。

3. 课件项目的开发管理流程

一般课件的开发流程是按时间顺序，由不同部门（人员）依次完成课件开发的各项任务。各阶段的开发工作依次进行，分为立项、教学设计、媒体制作和验收等步骤。

例如，某大学网络教育学院进行课件开发，其开发流程如图 3—1 所示。

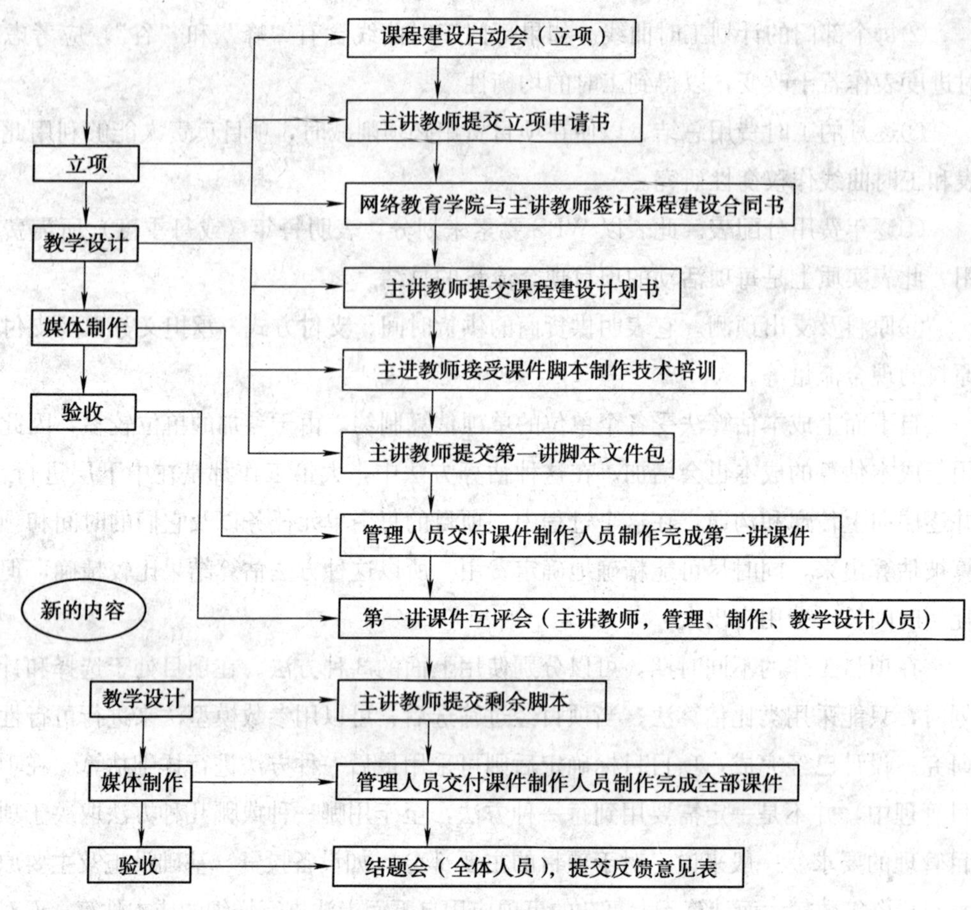

图 3—1　网络教育学院课件开发流程图

(1) 立项阶段

网络教育学院根据教学计划，邀请各主讲教师参加课程建设启动会进行立项；然后主讲教师提交立项申请书，并与网络教育学院签订课程建设合同书。

(2) 教学设计阶段

主讲教师首先提交课程建设计划书，并接受网络教育学院组织的课件脚本制作技术培训，然后制作提交第一讲的脚本文件包。

(3) 媒体制作阶段

网络教育学院课件开发管理人员将主讲教师提交的脚本交付课件制作人员，制作完成第一讲的网络课件；主讲教师、管理人员、制作人员以及教学设计人员将共同参加第一讲课件互评会，大家对第一讲的脚本及课件发表自己的意见，主讲教师和制作人员根据大家的意见和建议对脚本或课件做进一步的修改，并最后定稿；主讲教师完成并提交剩余的脚本，管理人员将此脚本交付课件制作人员并最终制作完成全部课件。

(4) 验收阶段

全体人员参加结题会，主讲教师和课件制作人员提交反馈意见表，对课件开发过程中的问题作出反馈。

能力要求

《江南古镇——同里》网络课件项目成本估算案例

“江南古镇系列网络课件”是为了满足社区居民学习需求而制作的社区教育课件，全套共有 6 个课件，前期已制作完成了 4 个课件。现需对第 5 个课件《江南古镇——同里》进行项目成本估算。

工作程序

程序 1　成本估算内容的确定

根据前期开发制作的流程以及项目成本的实施，确定项目成本估算的具体内容：

(1) 项目流程以及任务分解结构。

(2) 资源需求

资源需求是指每一工作资源及其数量的需求，通过引进人员或采购可以解决资源需求。

(3) 资源单价

资源单价是指每种资源的市场价格，比如每小时人员的费用。

(4) 项目时间的估算。

(5) 学习曲线

学习曲线是指在大量生产周期中，随着生产产量的增加，单件产品的制造工时逐渐减少的一种变化曲线。单件产品的制造工时之所以会随着生产量的增加而降低，是由于操作者在制造过程中通过学习和多次反复的练习积累经验的结果。

(6) 其他内容

其他内容如相关历史资料、会计科目表等。

程序 2　成本估算的展开

成本估算主要是对各种资源（包括人力资源、设备、资料等）的估算。由于有了前期的经验，在此采用类比估算法对《江南古镇——同里》网络课件项目的成本做出估算。

(1) 协调人员向各位专家及项目管理者提供项目规格和估计表格。

(2) 协调人员召集小组会，各专家及管理人员讨论与项目相关的因素。

(3) 各位专家及项目管理者匿名填写估计表格。

(4) 协调人员整理出一个估计总结，返回各位专家及项目管理者。

(5) 协调人员召集小组会，讨论较大的估计差异。

(6) 复查估计总结，提交另一个匿名估计。

(7) 重复步骤 (4) ～ (6)，直到达到最低和最高估计相一致。

程序 3　成本估算的处理

成本估算是项目各活动所需资源的成本的定量估算，这些估算可以以简略或详细形式表示。对项目所需的所有资源的成本均需加以估算。成本通常以现金单位表达（如人民币、欧元、美元等），也可用人工小时数表示。为便于成本的管理控制，有时成本估算要用复合单位。成本估算结果可以用一个范围表示，如￥10 000±1 000。

程序 4　课件项目预算表的编制

网络课件的成本包括在其制作过程中所耗费的各项费用，有硬件设备、软件工具、专家费用、开发人员费用、管理费用、财务费用、材料费用等。在项目成本估算输出的基础上，开发人员可以编制粗略项目预算表，见表 3—1。

表 3—1　《江南古镇——同里》网络课件项目预算表

经费类型	相关说明	经费（元）	百分比（%）
专家费	讲师费、专家费	5 000	20
项目开发费	设计人员、开发人员等的工资福利	10 000	40
管理费用	财务费用、会议费、办公费等	5 000	20
材料费用	易耗品购置费等	2 500	10
维护费用	维护费、培训费等	2 500	10
总计		25 000	100

注：由于前期课件开发中，硬件设备、软件工具等已经购买，所以此处无这两项支出。

第 2 节　项目任务分解

学习单元 1　团队建设

学习目标

➢ 了解项目团队建设的内容

➢ 能够组建网络课件项目团队

知识要求

1. 项目团队建设

(1) 项目团队概述

项目团队是一组个体成员为实现一个具体项目的目标而组建的协同工作的队伍。项目团队的根本使命是在项目经理的直接领导下，为实现具体项目的目标，完成具体项目所确定的各项任务而共同努力，并协调一致、有效地工作。项目团队是一种临时性的组织，一旦项目完成或终止，项目团队的使命即已完成或终止，项目团队即告解散。

需要注意的是，并不是所有的群体都可称之为团队。一群人在一起和睦地工作，但并没有协调的共同目标和团队所隐含的凝聚力、协作与分工，这只能称为工作群体而不是团队。团队的含义更多体现出团结、合作、参与、信任、共同目标等精神象征。它往往是跨功能、跨部门，由不同背景的人组成的协作体，通过相互补充、相互激发各自的潜力而完成特定的任务。

1）团队的关键特征

①相互依赖与协同。每个成员都必须依靠他人来获得信息、资源以及支持，每个人都依靠与其他人合作才能完成预定的工作目标。团队的相互依赖性体现在角色

依赖、目标依赖和成果依赖几个方面。

②角色定位与责任分担。每个团队成员在团队中都担当不同的角色，承担相应的责任，充分发挥各自的作用。每个团队成员必须具有胜任工作的核心专长与技能。

③信息沟通与知识共享。团队是典型的知识信息、经验共享的平台。每个成员必须通过分享信息和资源来协调他们的各自活动，每个成员有责任以一种适宜的方式向其他成员提供信息，传授经验。团队是创建学习型组织的一种有效方式。

④自我管理与授权。每个团队成员在团队工作中既要承担相应的责任，同时也享有相应的管理自己工作和内部流程的自主权。团队的管理特点是既要依靠制度与业务流程来实现团队的有效运作，又要充分授权，以发挥每个成员的主动性与创造性，实现管理由他律向自律的转变。

2）团队基本管理原则。项目团队的组织建设没有固定的模式，应根据项目的不同特点、不同的内外部条件，采用不同的组建方式。但在实际的组建过程中，必须遵循以下基本管理原则：

①有效管理宽度原则。管理宽度是指一个主管能够直接有效地管理下属的人数。一个项目主管的管理宽度是有限的，往往受到处理问题的复杂性、管理者及团队成员的才能高低以及授权程度等因素的影响。一般而言，需要处理问题越简单，管理者及团队成员才能越高，授权越多，管理者有效管理宽度就越大。在项目团队建设时要充分考虑各种因素的影响，确定管理者的有效管理宽度。

②责权对等原则。权是在规定的职位上行使的权力，责是在接受职位、职务后必须履行的义务。在任何工作中，责与权必须大致相当。责大过权，往往容易打击成员的工作积极性，使部分工作因为缺少行使权力而无法进行；权大过责，往往容易出现道德风险，造成监督管理成本的增加。

③职才匹配原则。项目团队成员的才智、能力与担任的职务应相匹配。每种职务所要求的能力水平不同，因此组织团队应尽可能使才位相称，用得其所。

④单一指令原则。团队成员只能接受一个上级的命令和指挥，一个成员不能受到多头指挥，否则团队成员就会不知所从。上下级之间的上报下达都要按层次进行，一般情况下不得越级。在团队管理上，应尽量实行“一元化”的层次联系。

⑤效果与效率统一原则。效果是指项目团队活动的成效，效率是指项目团队在单位时间内取得成果的速度。在团队建设过程中要注意项目实施效果与效率的统一，在单位时间内取得成果的同时，注重各种物质资源的利用程度、团队成员的工作效率。

(2) 项目团队的组织形式

1) 职能式组织结构。职能式组织结构是当今世界上最普遍的组织结构，是基本的层次组织。职能式组织结构是指按职能以及职能的相似性来划分部门，如一个企业根据需要划分为财务部门、研发部门、生产部门、营销部门等，各部门分别承担相应的职能。职能式组织结构是一个标准的金字塔结构，高层管理者位于金字塔的顶部，中层和低层管理则沿着塔顶向下分布。在采用职能式项目组织形式的企业进行项目工作时，由企业主管根据项目需要从各职能部门抽调人员及其他资源，组成项目实施组织，这一项目实施组织中没有明确的项目主管或项目经理，而只是设立项目协调人，并由他负责协调分散在各个职能部门中的项目小组的目标、任务、工作和活动，而调拨入项目实施组织的人员和资源通常是由各职能部门的主管决定的。职能式组织结构如图 3—2 所示。

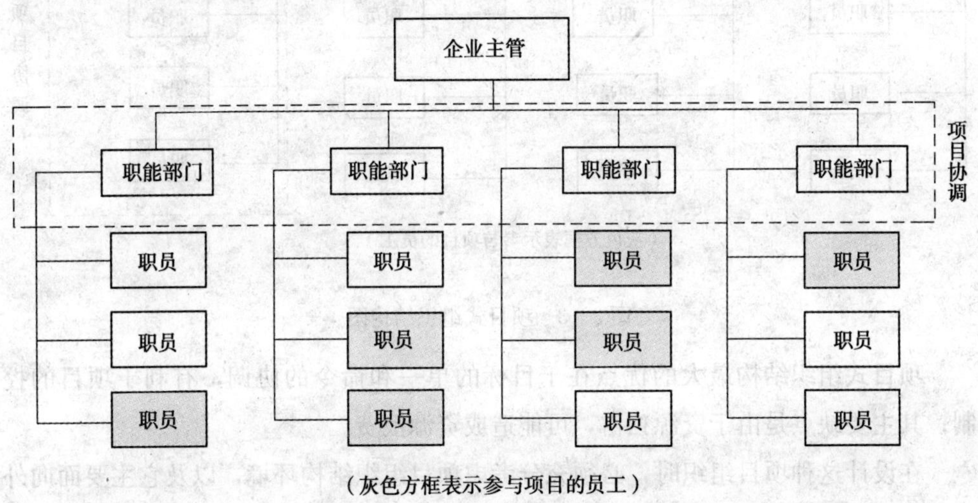

图 3—2　职能式组织结构图

职能式组织结构的最大优点是能够灵活利用资源，最大可能地避免人员及资源的闲置，有利于企业活动的整体协调；其主要缺点是因为没有明确的项目经理，当资源使用、人员调配等出现冲突时，协调会有一定的难度，并且因为项目实施组织成员都是从各职能部门临时抽调来的，积极承担项目责任的意识可能并不容易树立起来。

在设计这种项目组织时，必须充分考虑它所处的直线职能型的组织结构环境，全面考虑企业或部门内部开发项目的特性，合理安排项目经理的权限，安排好项目经理与团队成员和上级的各种报告关系，以便使项目团队能够顺利地完成任务和实现项目目标。

2）项目式组织结构。项目式组织结构是一个单目标的垂直组织方式。在项目化组织方式中，为达到某一特定目标所必需的所有资源按确定的功能结构进行划分（项目化组织的内部结构仍然是功能化的），并建立以项目负责人为首的控制单元。项目负责人在项目实施方面被赋予相当大的权力，并且可以调动整个组织内部或外部的资源。项目的所有参加人员在项目实施过程当中都被置于项目负责人的直接掌握之中，如图 3—3 所示。

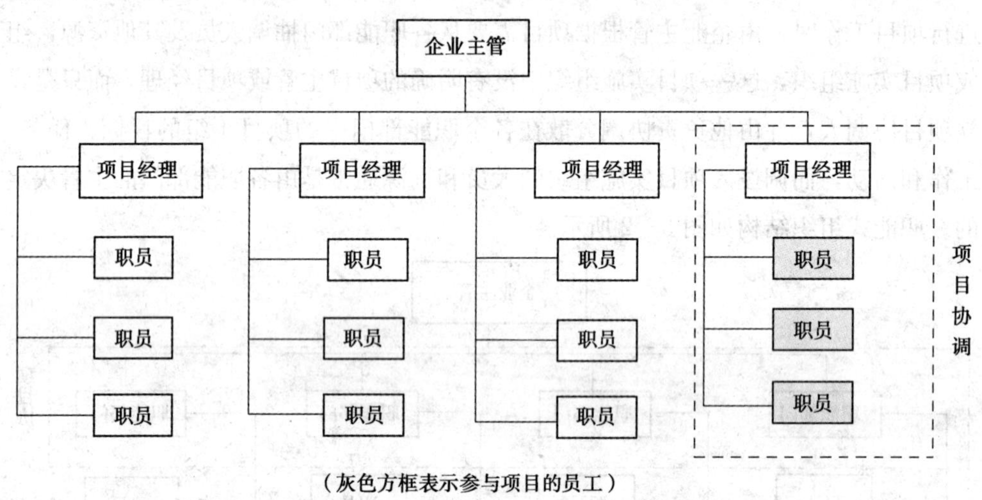

图 3—3　项目式组织结构图

项目式组织结构最大的优点在于目标的单一和命令的协调，有利于项目的控制；其主要缺点是由于资源独占，可能造成资源浪费。

在设计这种项目组织时，必须充分考虑项目组织结构环境，以及它主要面向外部业务项目的特性。对这种组织环境下的项目经理必须给予充分的授权，从而使项目团队具有足够的权利和资源，以便更好地完成项目；同时，必须充分考虑管理人员配备和职能部门的设计，项目经理和项目管理人员多数都应是专职的并且有较大权力。只有这样，才能使团队顺利完成项目业务，实现业务既定目标。

3）矩阵式组织结构。矩阵式组织结构是一种多元化结构，它将按职能划分的纵向部门和按项目划分的横向部门结合起来，建立如同矩阵的管理系统，力求最大限度地发挥项目化和职能化结构的力量并尽量避免其弱点。矩阵式组织结构的基本原则是：项目经理必须是专职的且有明确的责任；纵向和横向两条通信渠道必须同时存在；组织上能够保证有迅速有效的方法解决矛盾；无论项目经理之间，还是项目经理与职能部门负责人之间，要有确切的通信渠道和自由交流的机会；各个经理都必须服从统一的计划；横向、纵向的负责人都要为合理利用资源而进行谈判和磋商；

必须允许项目作为一个独立的实体来运行。矩阵式组织结构如图 3—4 所示。

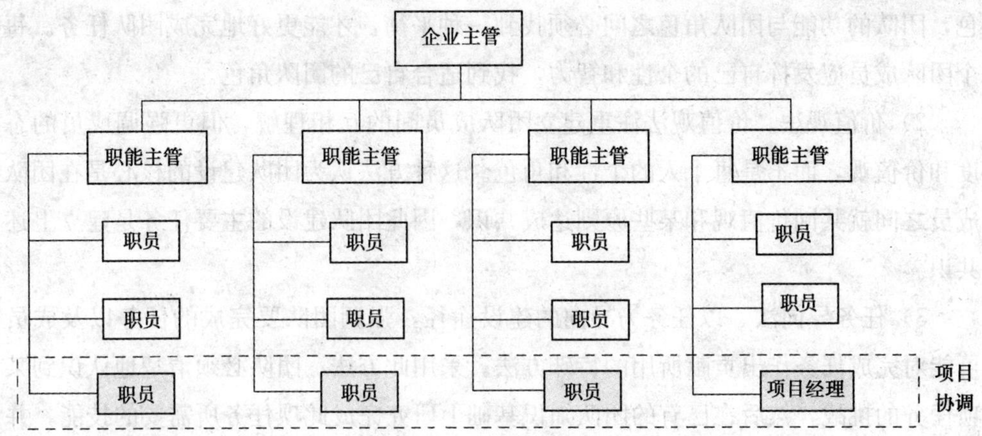

图 3—4　矩阵式组织结构图

矩阵式组织结构的优点有：通过项目协调员使各项目目标平衡；各个功能部门条块之间相对协调；能够解决项目组织成员的工作保障问题；尽量减少资源浪费等。其主要的缺点是：中层管理人员为两个以上的主管工作，当有冲突时，可能处于两难困境。

在这种项目团队的组织规划与设计中，要充分考虑项目工作的范围和内容，根据项目的目标和工作分解结构去设计项目团队的构成，确定项目团队管理人员的配备，确定管理职能部门的设置。当在这种组织环境中所展开的项目很多时，还应考虑设计和安排项目办公室，以专门负责整个企业或组织的项目管理工作。

(3) 项目团队的管理方法

项目团队管理是对项目组织全体成员的管理和项目组织自身的管理，是项目管理中最为根本的一项管理，是对项目组织所储备的人力资源开展的一系列科学规划、开发培训、合理调配、适当激励等方面的管理工作，使项目组织各方面人员的主观能动性得到充分发挥，做到人尽其才、事得其人、人事相宜，同时保持项目组织高度的团结性和战斗力，从而成功地实现项目组织的既定目标。常见的项目团队管理方法有以下 4 种：

1）角色界定法。角色界定法是受团队建设者喜爱的一种方法。这种方法认为，不同的岗位需要不同性格、不同能力和不同技巧的人，他们都担当着不同的角色，而且每个角色者都发挥着他们的个人贡献和价值。例如，要完成一部电影，要有导演、制片、配音、演员等，其中演员又分主角和配角等。不同的角色担当着不同的责任，发挥各自的特长，共同配合，才能演绎出一部生动完美的影片。成功的团队中必须包括担当不同角色的人，每个团队成员既承担一种功能，又承担一种团队角色，团队的功能与团队角色之间必须找到一种平衡，才能更好地完成团队任务。每个团队成员应发挥自己的个性和智力，找到适合自己的团队角色。

2）价值观法。价值观法注重建立团队成员间的互相理解，但更强调成员的态度和价值观，而不是每个人的个性和角色。这种方法认为团队建设的核心是在团队成员之间就共同价值观和某些原则达成共识，因此团队建设的主要任务是建立上述共识。

3）任务导向法。以任务为导向的建设途径，强调团队要完成的任务以及成员可能对完成任务作出贡献所用的特殊方法。采用此方法，团队必须清楚地认识到某项任务的挑战，然后在已有的团队知识基础上研究完成此项任务所需要的技能，并发展成具体的目标和工作程序，以保证任务的完成。任务导向法的重点在资源和技能分析及成员间的信息交换上。

4）人际关系法。该方法是通过在成员间形成较高程度的理解与尊重，来推动团队的工作，这种方法主要是在心理学的实验依据基础上，通过开展良好的交流、沟通类型的实验与培训加以实现的。

上述 4 种方法各有偏重，如价值观法强调的是长期团队的培养，任务导向法适用于短期团队的培养。然而，在实际的管理过程中，必须从组织和环境的角度出发，选择适当的管理方法。

(4) 项目管理的沟通方式

在进行项目时，要保证在适当的时间，以低价的方式，使正确的信息被合适的人所获得。项目沟通管理，就是为了确保项目信息的合理收集、传输以及最终处理所需实施的一系列过程。项目沟通管理具有复杂性和系统性。复杂性是指为了项目的顺利实施，项目沟通管理需要协调各部门之间的关系；系统性是因为项目本身就是开放的复杂系统，这就要求项目沟通管理应从整体利益出发，运用系统的思想和分析方法，全方位、全过程地进行有效的管理。

1）项目沟通形式。项目沟通就是通常所说的沟通在项目环境条件下的应用。如果信息或想法没有被传送到，则意味着沟通没有发生。要使沟通成功，信息不仅要被传递，还需要被理解，这就需要采取合理的沟通方式。美国项目管理协会提出，在项目环境内要用到的沟通形式主要有 4 种：书面沟通、言语沟通、非言语沟通、结构化内容的沟通。

①书面沟通。正式的书面沟通包括公司使命说明、项目章程、年度报告、项目报告、会议纪要等；非正式的书面沟通包括备忘录、私人笔记、粘贴便条等。

②言语沟通。言语沟通，也称口头沟通，其优点是快速传递和快速反馈。但是，信息经过多人传送时，信息失真的潜在可能性就越大。正式的言语沟通包括各种会议、项目及执行情况的回顾审查、业主的反馈等；非正式的言语沟通包括私人接触、非正式场合的会面、走廊上的讨论、社交聚会等。

③非言语沟通。正式的非言语沟通包括展示、图表（表格、计划等）、影像动画等；非正式的非言语沟通包括身体语言、面部表情、目光接触、特殊习惯等。任何口头沟通都包含有非言语信息，非言语要素有时可能对沟通造成极大的影响。

④结构化内容的沟通。项目沟通中除了人际沟通的内容外，针对项目内容本身的沟通也占了沟通的很大部分，一般项目都有很多格式化、标准化、程序化的试验和验收等。

2）编制项目沟通计划。编制项目沟通计划就是确定、记录并分析项目的相关利益者所需要的信息和沟通需求，即确定谁需要了解项目的信息，哪些信息需要沟通，什么时候沟通，如何沟通，并形成相关文件，作为项目沟通计划。项目沟通计划包括对项目全过程的沟通工作、沟通方式和沟通渠道等方面的计划与管理。为了提高沟通的有效性，项目沟通计划应该根据项目的实施情况和沟通计划的适用情况进行定期检查，并在必要时加以修改。

项目沟通计划应包括以下内容：

①对项目关系人的信息需求的分析。对各类利害关系者的信息需求进行分析，以便判断所提供的信息是否合适。注意不要把资源浪费在不必要的信息或者不恰当的技术上。

②对以何种方法搜集与存放信息，及如何搜集与传播对以前分发材料的更新和更正的详细说明。

③对信息（状态报告、数据、进度表、技术文件等）流向何人，以及用何种方法（书面报告、会议等）传递各类信息的信息分发结构的详细说明。此结构必须与项目组织结构图中描述的职责与请示汇报关系兼容。

④对要分发的信息的描述，包括格式、内容、详尽程度，以及所采用的惯例与规定。

⑤显示每项沟通应在何时进行的生产进度表。

⑥在已安排的沟通之间调用信息的方法。

⑦项目的进展对沟通计划更新与细化的方法。

根据项目的需要，项目沟通计划可以是正式的或非正式的，可以是详细的或提纲式的。项目沟通计划是整个项目计划的一部分。

2. 网络课件项目团队建设

（1）网络课件项目团队人员及职责

项目团队组成人员的多少和比例要根据实际项目来决定。一般项目团队控制在5～7人。组建项目团队时，首先需要定岗，即确定项目需要完成什么目标，完成这些目标需要哪些职能岗位，然后选择合适人员组成。网络课件项目团队的人员组成通常为：

1）网络课件项目管理人员。其主要职责为：负责对网络课件项目开发过程中的内外部协调与沟通工作；负责网络课件项目计划、需求分析、成本控制、开发实现、进度控制等工作；负责网络课件项目交付、验收与客户服务工作；负责网络课件整体测试和运营维护工作。

2）网络课件教学设计和内容总体设计人员。其主要职责为：负责对课程进行教学策略设计和内容总体设计，同时还将考虑重复使用性的选择，设计符合学习元件的内容架构；负责依据教学设计师的总体设计架构进行内容详细设计，并要建立和维护媒体元件、内容知识点的元数据记录，将其存储到管理平台，当需要时可协助找出可重复使用的资料；负责确认教材架构，并针对学习者及可重复使用目的进行内容元件的切割。

3）网络课件脚本编写人员。其主要职责为：负责根据网络课件的要求完成前期策划创意，配合项目进度做好客户规范服务；负责进行客户专访，分析目标客户需求，提供优秀的策划文案和顾问服务；负责根据网络课程开发流程、相关开发技术及标准（如CELTS，SCORM，AICC等），同时运用相关原理撰写网络课件脚本；负责建立文档管理规范并且注意版权问题。

4）网络课件媒体创作人员

①网页设计及美术设计人员。其主要职责为：负责网络课件的界面设计、更新，包括流媒体资源（网络课件、专题片）的片头设计；负责网络课件的动画设计与制作；负责网上系统的页面更新；负责网上平台建设和资源建设资料的收集和整理等。

②视频流媒体课件录制及录播室管理人员。其主要职责为：负责配合教学设计人员完成网络课件的开发；负责参与网络课件的拍摄和采编制作；负责对网络视频文件进行剪辑和压缩，以及非线性编辑系统的日常管理维护运行；负责日常课程录

制的实施运行和管理工作；负责授课培训；负责收集、整理、管理教师录制课程的教案；负责日常课程直播和录制的进度管理和实施运行。

5）网络课件集成人员。其主要职责为：负责依据 SCORM 标准制作内容元件及集成，并能修改教育培训管理平台和考核管理平台；负责编写项目计划书；负责信息系统开发的前期调研，收集用户需求，编写需求报告；负责进行需求分析，功能模块的划分，编写相应的文档；负责功能模块的细化和设计，编写相应的文档；负责数据库的设计和建立，编写相应的文档；负责开发环境的搭建；负责根据设计方案进行代码实现；负责参与信息系统的修改；负责充分满足客户培训方面的需求，并与教学设计人员紧密合作以确定教材架构符合技术上的应用；负责通过脚本和素材运用相关软件进行课件集成。

6）网络课件测试人员。其主要职责为：负责编写测试计划和测试用例；负责对网络课件进行内容测试和功能测试，负责完成网站结构和页面测试、内容测试、功能测试、导航测试、兼容性测试。

(2）网络课件项目团队管理与沟通

1）网络课件项目管理协助小组（Project Manage Cooperation，PMC）

①网络课件项目管理协助小组人员组成一般包括脚本设计人员、媒体设计人员、集成制作人员、部门协助人员。

②网络课件项目管理协助小组工作内容，见表 3—2。

表 3—2　　网络课件项目管理协助小组工作表

工作项目	相关文件及说明	执行人员
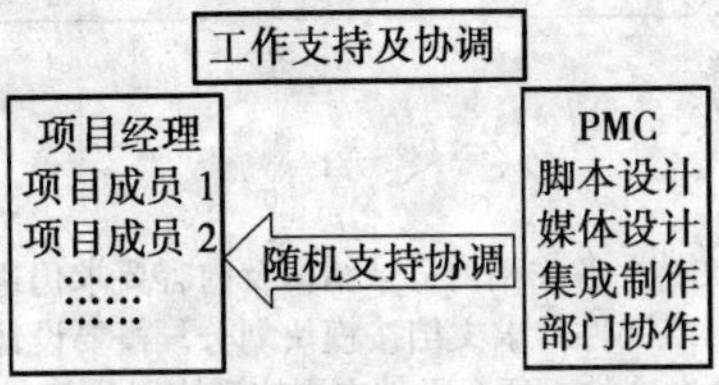 工作支持及协调 项目经理 项目成员 1 项目成员 2 …… 随机支持协调 PMC 脚本设计 媒体设计 集成制作 部门协作	涉及工作： • 人员工作协调 • 工作难点支持 • 项目繁忙时的支援 • 项目进程中的问题关注与方案提供 （注：贯穿于整个项目进程中，PMC 成员有义务向项目成员提供帮助，并向项目经理提出建设性意见。）	PMC
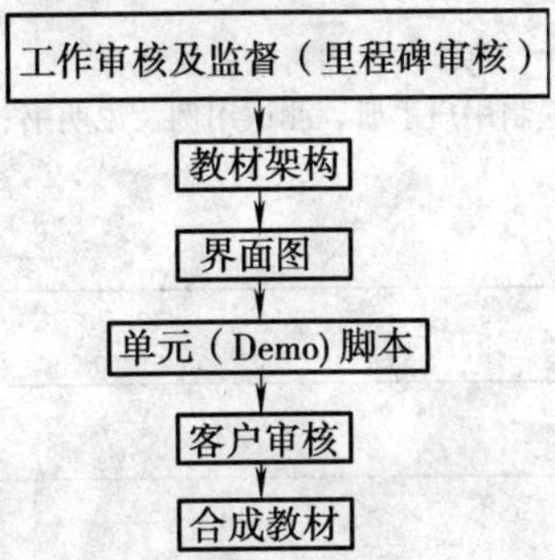 工作审核及监督（里程碑审核） ↓ 教材架构 ↓ 界面图 ↓ 单元（Demo）脚本 ↓ 客户审核 ↓ 合成教材	重点在项目经理提交的《项目阶段审核纪要》的评核 各里程碑审核点： • 时间是否与项目计划表对应 • 出现的问题和障碍是什么 • 质量上是否可以改进	PMC/项目小组 脚本设计 媒体设计 脚本设计 脚本设计/部门协作 集成制作

2）网络课件项目团队沟通形式。网络课件项目团队沟通的主要形式是项目会议。表 3—3 是某网络课件项目团队内部沟通会议记录。

表 3—3　　项目内部沟通会议记录表

<table>
<tr><td colspan="4">会议名称：讨论项目主要节点及技术文档编制规则</td></tr>
<tr><td colspan="4">会议主持人：×××</td></tr>
<tr><td rowspan="9">出席人员</td><td>姓名</td><td>角色</td><td>职员</td></tr>
<tr><td>设计人员 A</td><td>设计组</td><td>组员</td></tr>
<tr><td>设计人员 B</td><td>设计组</td><td>组员</td></tr>
<tr><td>测试人员 A</td><td>测试组</td><td>组员</td></tr>
<tr><td>设计人员 C</td><td>设计组</td><td>组员</td></tr>
<tr><td>设计人员 D</td><td>设计组</td><td>组员</td></tr>
<tr><td>设计人员 E</td><td>设计组</td><td>组员</td></tr>
<tr><td>M</td><td>项目经理</td><td>经理</td></tr>
<tr><td>开发人员 A</td><td>开发组</td><td>组员</td></tr>
<tr><td>会议记录员</td><td>×××</td><td colspan="2"></td></tr>
<tr><td colspan="4">会议时间：××年××月××日</td></tr>
<tr><td colspan="4">会议地点：×××会议室</td></tr>
<tr><td colspan="4">会议主题：
讨论项目主要节点（含测试）
讨论项目各阶段技术文档的编制规则</td></tr>
<tr><td>会议记录</td><td colspan="3">1. 项目主要节点（含测试）
2. 项目各阶段技术文档的编制规则
3. 本项目内，单独编制各阶段的技术文档；各文档内目录结构及内容要求仍遵循网络课件规范。业务需求调研阶段，网络课件需求文档按模块划分。概要设计阶段，课程设计、数据库设计说明书共 2 个文件，每个文件内再按模块划分
4. 概要设计说明书由×××编制
5. 详细设计阶段：网络课件共有 7 个文件，每个文件内再按模块划分
6. 其他：设计人员 D、设计人员 F 负责编制用户手册、测试用例及说明书、软件总结测试报告、用户培训</td></tr>
<tr><td>结论</td><td colspan="3"></td></tr>
<tr><td>经验教训</td><td colspan="3"></td></tr>
<tr><td>建议</td><td colspan="3"></td></tr>
</table>

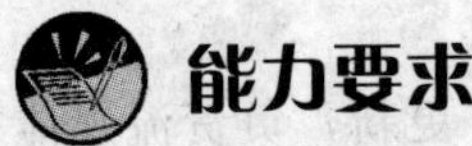

能力要求

如何组建网络课件开发团队，并制定项目沟通计划

开发网络课件《世博纵横》，组建项目团队，明确各自职责并制定项目沟通计划。

工作程序

程序 1　明确项目目的

在实际情况中，课件项目一般来源于直接学习者需求与外部客户需求，但无论何种需求，都要对课件的学习对象进行需求分析。项目目的的确立是建立在需求分析、立项的基础上的。

本网络课件项目的目的可以简单概述为：在全体员工努力之下，于年底开发完成一门适合全体市民学习，以“宣传世博理念、普及世博知识”为宗旨的网络课件。

程序 2　确定项目小组成员

当明确建立项目的目的之后，就可以根据实际的情况来确定项目小组中的成员，本次项目的小组成员有：

（1）网络课件项目负责人（1 人）。

（2）网络课件教学设计和内容总体设计人员（1 人）。

（3）网络课件脚本编写人员（1 人）。

（4）网络课件媒体创作人员（2 人）。

（5）网络课件测试人员（1 人）。

程序 3　明确项目小组人员职责

（1）网络课件项目负责人职责

网络课件项目开发过程中内外的协调与沟通；网络课件项目过程中计划、需求、成本、进度的控制和管理；网络课件项目的交付、验收；网络课件整体测试。

（2）网络课件教学设计和内容总体设计人员职责

收集用户需求，编写需求报告；进行需求分析，划分功能模块，编写相应的文档；细化和设计功能模块，编写相应的文档；对课程进行教学策略设计和内容总体设计；依据总体设计架构进行内容详细设计。

（3）网络课件脚本编写人员职责

根据网络课件的要求负责前期策划创意；提供策划文案；根据网络课件开发流程、相关开发技术及标准，运用相关原理撰写网络课件脚本。

（4）网络课件媒体创作人员职责

1）网页设计、美术设计人员职责。负责课件的界面设计、更新，负责流媒体资源的片头设计；负责网络课件的动画设计与制作；负责网上系统的页面更新；负责网上平台建设和资源建设资料的收集整理等。

2）视频流媒体课件录制及录播室管理人员职责。配合教学设计人员完成网络课件的开发；参与网络课件的拍摄和采编制作；负责对网络视频文件进行剪辑和压缩，以及非线性编辑系统的日常管理维护运行。

（5）网络课件测试人员职责

写出测试方案，对网络课件进行内容测试和功能测试：负责完成脚本和页面测试、内容测试、功能测试、导航测试、兼容性测试。

程序 4　确定项目小组的组织形式

项目小组的成员可以来自企业内部，也可以来自企业外部。项目小组的组织形式可以采取直线职能式组织形式、项目式组织形式或矩阵式组织形式。在充分考虑项目组织结构环境，以及企业或部门内部开发项目的特性后，设计本项目小组的组织形式。

程序 5　制定项目沟通计划

根据沟通需求以及项目实施的情况，制订如下项目沟通计划：

（1）项目负责人在公司内部服务器上开设专用空间，项目小组成员可以通过 ftp 访问。

（2）项目的所有资料都必须在该空间中保存，项目小组成员将每天的工作成果及时上传并备份，项目负责人每天检查项目的进展情况。

（3）项目负责人根据进展情况编写项目进度报表，每天通过电子邮件形式通知项目小组所有成员。

（4）项目负责人根据需要对项目过程中出现的各种问题与项目小组成员进行沟通，采取的方法可以为电子邮件、电话、口头等。

（5）每周一早上项目小组全体会议，时间为半小时，项目负责人安排本周工作。

（6）每周五下午开项目小组全体会议，时间为一个半小时，每位项目小组成员介绍自己本周的工作情况，碰到问题的与项目负责人及时协调。

（7）项目负责人每周不定期地与项目小组部分成员集体协商，及时通报。

（8）项目负责人每周 2 次将项目进展情况与公司管理层汇报，同时与外部进行沟通，及时进行信息反馈。

注意事项

项目沟通计划应该根据项目的实施情况和沟通计划的适用情况，进行定期检查，并在必要时加以修改。

学习单元2　任务分解

学习目标

- 了解任务分解的定义及作用
- 掌握任务分解的一般方法
- 能够进行课件项目任务的分解

知识要求

1. 项目任务分解及其作用

(1) 项目任务分解的概念

项目任务分解就是把复杂的项目先分解为子项目，再逐级分解成若干个相对独立的工作单元，并确定每个工作单元的任务及其从属的工作（或称之为活动）。项目任务分解要保证项目结构的系统性和完整性，并使划分的各个单元和项目参与者之间的界限明晰，方便建立项目组织和相应的责任体系，方便目标的协调。任务分解的工具是任务分解结构（Work Breakdown Structure，WBS）。

任务分解结构是一种全面、系统地分析工程项目的有效方法，也是项目管理的基础性工作和核心概念。WBS显示和定义了要开发或生产的产品，并将为完成该产品所需进行的各项活动联系起来。任务分解结构是制订项目进度计划的基本依据。任务就是任务分解结构中确定的工作或活动，在任务定义过程中，还应考虑项目范围说明书中有关项目和项目目标的说明以及历史资料。相关项目的历史资料可以在计划编制时避免遗漏某些活动。任务定义过程结束时要提交的成果之一就是任务活动清单。任务活动清单必须包括本项目范围内的所有工作，应当对每项任务作出文字说明，保证项目成员准确完整地理解该项任务。

任务分解结构通常是一种面向“成果”的“树”，其最底层是细化后的“可交付成果”，该树组织确定了项目的整个范围，如图3—5所示。但WBS的形式并不限于“树”状，还有清单类型等多种形式，见表3—4。

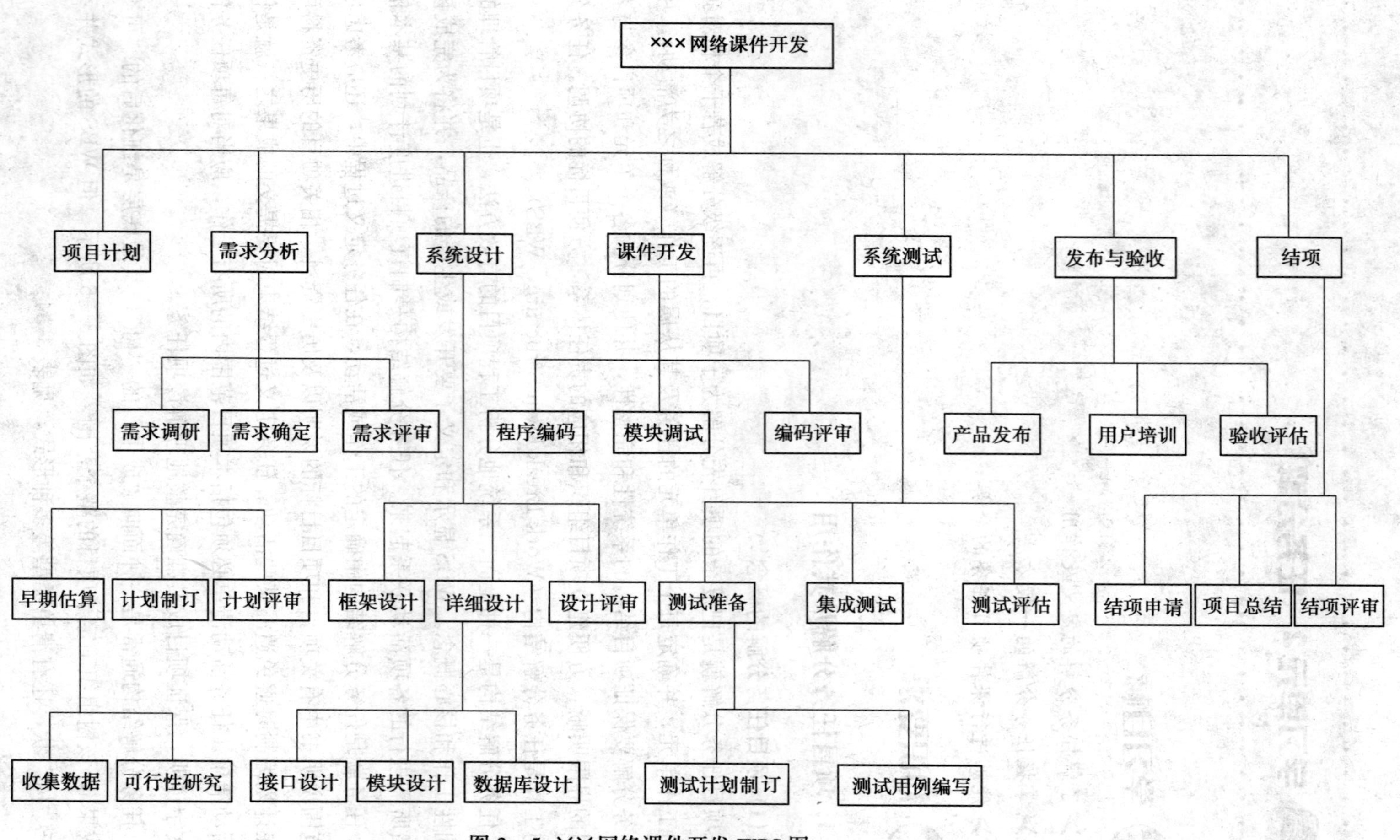

图 3—5 ××网络课件开发 WBS 图

表 3—4　　网络课件项目 WBS 表

任务序号	WBS 细目	任务名称/工作细目	持续时间（工作日）	前置任务
	1	网络课件项目计划		
	1.1	网络课件早期估算		
1	1.1.1	网络课件收集数据	3	无
2	1.1.2	网络课件可行性研究	5	无
3	1.2	网络课件制订项目计划	5	1，2
4	1.3	网络课件计划评审	1	3
	2	网络课件需求分析		
5	2.1	网络课件需求调研	5	4
6	2.2	网络课件需求确定	5	5
7	2.3	网络课件需求评审	1	6
	3	网络课件总体设计		
8	3.1	网络课件目标设计	1	无
9	3.2	网络课件策略设计	1	无
10	3.3	网络课件环境设计	1	无
11	3.4	网络课件界面设计	1	8，9，10
12	3.5	网络课件设计评审	1	8，9，10
	4	网络课件开发		
13	4.1	网络课件脚本编写	10	无
14	4.2	网络课件素材制作	10	13
15	4.3	网络课件集成	10	13，14
	5	网络课件系统测试		
	5.1	网络课件测试准备		
16	5.1.1	测试计划制订	3	7
17	5.1.2	网络课件测试用例编写	2	7
18	5.2	网络课件集成测试	5	15，16，17
19	5.3	网络课件测试评估	1	18
	6	网络课件发布与验收		
20	6.1	网络课件产品发布	2	19
21	6.2	网络课件用户培训	2	19
22	6.3	网络课件验收评估	1	20
	7	网络课件结项		

续表

任务序号	WBS 细目	任务名称/工作细目	持续时间（工作日）	前置任务
23	7.1	网络课件结项申请	1	21，22
24	7.2	网络课件项目总结	2	23
25	7.3	网络课件结项评审	1	24

（2）项目任务分解结构的作用

任务分解结构将工程项目分解成由若干便于管理、相对独立又联系的工作包所组成的项目树，结合了包括进度、费用和质量等不同的子系统，既为高层管理者提供整体信息，又为低层管理者提供局部信息，形成工程信息沟通的共同基础，提供了信息共享的平台。

不同层次的管理人员可以在该任务分解结构的不同层次上提取所需信息，因而任务分解结构可以充当项目参与各方的信息沟通连接器，促进各方的沟通，提高组织效率。

现代工程项目大型且复杂，除涉及高技术设施和巨额资金外，还需大量人力，不确定因素多，风险程度高。项目信息也随着项目的进展而不断产生，设计恰当的任务分解结构能伴随这个项目的生命周期动态变化，不断更新相关信息，把项目不同阶段的信息聚集起来，使项目管理人员对项目的整体进度情况有所了解，成为贯穿项目整个生命周期的信息沟通平台。任务分解结构总是处于计划过程的中心，是制定进度计划、资源需求、成本预算、风险管理计划和采购计划等的重要基础。作为一个项目的综合工具，任务分解结构同时也是控制项目变更的重要基础。

（3）项目任务分解的一般方法

1）基本步骤。创建和制定任务分解结构的过程一般按照以下步骤进行：

①得到项目章程、工作范围说明书或合同。

②召集项目有关人员，集体讨论所有主要项目工作，确定项目工作分解的方式。

③分解项目工作。如果有现成的样板，应该尽量使用。

④画出 WBS 的层次结构图。WBS 较高层次上的一些工作可以定义为子项目和子生命周期阶段。

⑤将主要项目可交付成果细分为更小的、易于管理的组或工作包。工作包必须详细到可以对该工作包进行估算（成本和历时），安排进度，做出预算，分配负责人员或组织单位。

⑥验证上述分解的正确性。如果发现较低层次的项没有必要，则修改组成成分。

⑦如有必要，建立一套编号系统。

⑧随着其他计划活动的进行，不断地对 WBS 更新或修正，直到覆盖所有工作。

2）任务分解标准。任务分解的实际过程就是按照可控制的原则对整个项目工作进行不断的分解，直到可以充分控制项目的进度、成本和质量。任务分解操作中的难度主要表现在：要充分掌握分解工作的“度”，即不能将工作分解的过分细致，也不能将工作分解的过分粗，以至于难于控制。因此，任务分解应遵循一定的原则和要求，它们分别是：某项任务应该在 WBS 中的一个地方且只应该在 WBS 中的一个地方出现；WBS 中某项任务的内容是其下所有 WBS 项的总和；一个 WBS 项只能由一个人负责，即使许多人都可能在其上工作，也只能由一个人负责，其他人只能是参与者；WBS 必须与实际工作中的执行方式一致；应让项目团队成员积极参与创建 WBS，以确保 WBS 的一致性；每个 WBS 项都必须文档化，以确保准确理解已包括和未包括的工作范围；WBS 必须在根据范围说明书正常地维护项目工作内容的同时，也能适应无法避免的变更。

3）WBS 的分解方法和方式

①WBS 的分解方法。划分项目的 WBS 有许多方法，如按照专业划分，按照子系统、子工程划分，按照项目不同的阶段划分等，以上每一种方法都有其优缺点。一般情况下，确定项目的 WBS 需要组合以上几种方法进行，在 WBS 的不同层次使用不同的方法。

a. 使用指导方针。一些像美国国防部的组织，提供 MIL-STD 之类的指导方针用于创建项目的 WBS。

b. 类比方法。参考类似项目的 WBS 创建新项目的 WBS。

c. 自上而下的方法。从项目的目标开始，逐级分解项目工作，直到参与者满意地认为项目工作已经充分地得到定义。该方法由于可以将项目工作定义在适当的细节水平，对于项目工期、成本和资源需求的估计可以比较准确。

d. 自下而上的方法。从详细的任务开始，将识别和认可的项目任务逐级归类到上一个层次，直到达到项目的目标。这种方法存在的主要风险是可能不能完全地识别出所有任务，或者识别出的任务过于粗略或过于琐碎。

②WBS 的分解方式和依据。项目 WBS 的分解方式有很多，主要有按产品的物理结构分解，按产品或项目的功能分解，按照实施过程分解，按照项目的地域分布

分解，按照项目的各个目标分解，按部门分解，按职能分解等方式。每个分解方式均有其自身的合理性和规律，具体项目的分解方式需要根据项目的实际情况来确定，其分解依据主要是以项目要素作为基础的，它们可以是项目的功能或技术原则、项目的组织结构、项目所处地理位置，甚至是项目主系统或子系统的差异性等。现实项目管理过程中，WBS 的分解往往是在关键因素的导向下综合数种不同的分解方式进行的。

4）WBS 的正确性检验标准和应注意的问题

①检验 WBS 定义和分解正确性的标准。WBS 在制订完成后，需要项目管理者检验其定义和分解的正确性，以便检验其 WBS 结果是否能够满足项目管理过程中的要求。正确性 WBS 检验标准参考如下：

a. 每个任务的状态和完成情况是可以量化的。

b. 明确定义了每个任务的开始和结束。

c. 每个任务都有一个可交付成果。

d. 工期易于估算且在可接受期限内。

e. 容易估算成本。

f. 各项任务是独立的。

②WBS 注意事项

a. 分解后的任务应该是可管理的，可定量检查的，可分配任务的。

b. 复杂工作至少应分解成两项任务。

c. 表示出任务间的联系。

d. 不表示顺序关系。

e. 最底层的工作应具有可比较性。

f. 与任务描述表一起进行。

g. 包括管理活动。

h. 包括次承包商的活动。

2. 课件项目任务分解阶段

通过以上对项目任务分解的阐述，可以将课件项目任务分解为 3 个阶段，且每个阶段包含有各自需完成的具体任务。

（1）网络课件总策划阶段

1）网络课件项目计划。项目计划是指合理预测项目未来进展、确定项目欲达到的目标和实现这些目标应完成的工作，预计项目实施过程中可能遇到的风险和问题，并提出化解风险、解决问题的措施的工作过程，是优质高效地实现既定项目目标的重要保证。网络课件项目计划主要的任务有网络课件早期估算（包括数据收集和可行性研究两个部分）、网络课件项目计划的制订以及网络课件项目计划的评审。

2）网络课件学习需求分析。网络课件的开发首先要从学习需求的分析入手，充分了解用户的需求，要综合分析用户的水平、学习时间、职业、年龄层次等情况，并对用户的需求和能力做出较为准确的评估，从而分析得出课件的设计目标。网络课件的需求分析一般包括网络课件需求调研、网络课件需求确定、网络课件需求评审三方面内容。

3）网络课件总体设计。在网络课件学习需求分析的基础上，对网络课件进行总体设计。网络课件总体设计包括了网络课件目标设计、网络课件策略设计、网络课件环境设计、网络课件界面设计以及网络课件设计评审。

（2）网络课件开发阶段

1）网络课件开发。在网络课件总体设计之后，便进入网络课件的开发阶段。首先要进行具体的脚本编写过程。具体脚本应该以知识点为基本单元，综合运用多种媒体，立体地诠释相关的知识点，避免大量文本的堆砌。在编写脚本的同时，要考虑素材的内容及表现形式，选择符合教学需要的素材，对不合适的素材进行加工制作。最后，完成网络课件的集成。

2）网络课件系统测试。网络课件系统测试首先要做好测试的准备工作，包括测试计划的制订，网络课件测试用例的编写。然后进行集成测试工作，最后对网络课件测试进行评估。

（3）网络课件结案阶段

1）网络课件发布。作为多媒体网络课件，其最大的特点在于与 Web 技术的结合，网络发布成为该类课件独有的发布方式。在网络课件发布的同时，进行网络课件用户的培训工作，最后用户对课件进行验收评估。

2）网络课件结项。网络课件项目最后的工作任务是网络课件结项，主要包括网络课件结项申请、网络课件项目总结以及网络课件结项评审三部分内容。

能力要求

《江南古镇——同里》网络课件项目任务分解案例

网络课件《江南古镇——同里》已经完成了课件的项目计划、课件的需求分析，且项目开发合同已经签订，现在需要对此课件项目进行任务分解，以安排下一阶段的工作。

工作程序

程序 1　获得此网络课件的项目合同

可以根据项目合同内容，对待开发课件的大致情况有一个比较全面的了解，了解课件的针对对象，开发课件的预算金额，课件的大致内容，课件开发大致时间节点，课件的最终要求等内容，甚至可以了解到课件需要的表现形式，需要使用的开发工具等技术内容。

本课件开发合同对课件的要求为：

（1）课件的针对对象主要是在网上参加培训的在职人员，具有一定的文化修养。

（2）开发课件的合同金额为 2 万元，. 扣除利润，开发成本应该控制在 1.5 万元以内。

（3）课件大致内容为介绍古镇同里的人文风光和历史典故。

（4）课件开发时间为合同签订后的 2 个月。

（5）课件的最终要求为：能全面地介绍古镇同里的各种信息；学员学习时间为 1 个课时；学员能根据自己的需要查找相关的资料等。

（6）课件的表现形式是图文类课件。

（7）开发工具使用 Dreamweaver，Photoshop 和 Flash。

程序 2　召集项目有关人员，集体讨论所有主要项目工作

项目有关人员包括项目负责人、脚本设计人、媒体设计人、集成制作人、课件审核人、部门协助人等。召集所有项目人员开会讨论开发此课件所有的主要项目工作，主要的项目工作包括：

（1）课件的总体设计。

（2）课件开发。

（3）课件测试审核。

（4）课件发布与验收。

（5）项目结项。

程序 3　分解项目工作

现有的课件开发任务分解样板，可以尽量的使用，但要根据此课件的特殊性做出有针对性的修改。此课件开发项目可以具体分解为如下的内容，见表 3—5。

表 3—5　　课件开发项目分解表

<table>
<tr><td rowspan="5">课件总体设计</td><td>课件目标设计</td></tr>
<tr><td>课件策略设计</td></tr>
<tr><td>课件环境设计</td></tr>
<tr><td>课件界面设计</td></tr>
<tr><td>课件设计评审</td></tr>
<tr><td rowspan="3">课件开发</td><td>课件脚本编写</td></tr>
<tr><td>课件素材制作</td></tr>
<tr><td>课件集成</td></tr>
<tr><td rowspan="3">课件系统测试</td><td>课件测试准备</td></tr>
<tr><td>课件集成测试</td></tr>
<tr><td>课件测试评估</td></tr>
<tr><td rowspan="3">课件发布与验收</td><td>课件产品发布</td></tr>
<tr><td>课件用户培训</td></tr>
<tr><td>课件验收评估</td></tr>
<tr><td rowspan="3">课件结项</td><td>课件结项申请</td></tr>
<tr><td>课件项目总结</td></tr>
<tr><td>课件结项评审</td></tr>
</table>

程序 4　画出 WBS 的层次结构表

根据项目的具体分解，列出 WBS 表，明确各个任务的相互关系。WBS 较高层次上的一些工作可以定义子项目和子生命周期阶段，见表 3—6。

表 3—6　　《江南古镇——同里》WBS 表

任务序号	WBS 细目	任务名称/工作细目	持续时间（工作日）	前置任务
	1	课件总体设计		
1	1.1	课件目标设计	1	无
2	1.2	课件策略设计	1	无
3	1.3	课件环境设计	1	无
4	1.4	课件界面设计	1	1，2，3
5	1.5	课件设计评审	1	1，2，3
	2	课件开发		
6	2.1	课件脚本编写	6	无
7	2.2	课件素材制作	6	6
8	2.3	课件集成	6	6，7

续表

任务序号	WBS细目	任务名称/工作细目	持续时间（工作日）	前置任务
	3	课件系统测试		
	3.1	课件测试准备		
9	3.1.1	测试计划制定	2	无
10	3.1.2	课件测试用例编写	2	无
11	3.2	课件集成测试	3	8，9，10
12	3.3	课件测试评估	1	11
	4	课件发布与验收		
13	4.1	课件产品发布	1	11
14	4.2	课件用户培训	2	11
15	4.3	课件验收评估	1	13
	5	课件结项		
16	5.1	课件结项申请	1	14，15
17	5.2	课件项目总结	2	16
18	5.3	课件结项评审	1	17

程序 5　验证上述分解的正确性

如果发现有的层次的项没有必要，可以修改组成成分。随着其他计划活动的进行，要不断地对 WBS 进行更新或修正，直到覆盖所有工作。

第 3 节　项目进度计划管理

学习单元 1　项目进度估算

学习目标

➢ 了解项目进度的定义

➢ 了解项目进度管理的图示
➢ 掌握项目进度估算的基本方法
➢ 能够编写项目进度表

知识要求

1. 项目进度计划管理概述

(1) 项目进度管理的概念

项目进度管理是指在项目实施过程中，对各阶段的进展程度和项目最终完成的期限所进行的管理。项目进度管理又叫项目的时间管理或项目的工期管理，是为了确保项目准时完工而必须完成的一系列管理活动和工作。项目进度管理要求用科学的方法确定进度目标，编制进度计划，进行进度控制，在项目质量、费用与目标协调的基础上，实现项目进度目标。

在项目管理过程中，项目的进度管理是很重要的一个环节。工期、费用、质量是项目的三大目标，费用在项目的各项任务中产生，质量取决于每个任务过程，工期则主要依赖进度系列上时间的保证，若进度控制得当，这 3 个目标均可得到控制。

编制项目进度计划是项目进度管理中的关键步骤。项目进度计划的编制是对项目活动定义、项目活动排序、项目活动工期和项目需要资源进行分析，并以此为依据制定的关于项目进度的计划，它的目的是控制项目时间和节约时间，保证项目能够在满足其时间约束条件的前提下实现其总体目标。通过项目进度计划的编制，项目得以形成一个有机整体，进度计划也就成为进度控制和管理的依据。根据进度计划所包含的内容不同，进度计划可以分为项目总体进度计划、分项进度计划、年度进度计划等。不同的进度计划构成了项目的进度计划系统。不同的项目，其进度计划的划分方法也有所不同，实际工作中进度计划的编制，要视现实环境而定。

(2) 项目进度计划管理过程

进度管理是以保证项目按时完成为目标的，它包括以下几个主要的过程：

1）项目活动定义。项目活动定义是确认和描述项目的特定活动，它把项目的组成要素细分为可管理的更小部分，以便更好地管理和控制。

2）项目工作排序。工作排序过程包括识别项目工作之间的关联和依赖关系，并据此对项目工作的先后次序进行安排。必须正确地对项目工作加以排序，以便今后制定可行的进度计划，排序可由计算机执行，也可手工排序。

3）工作持续时间估算。工作持续时间估算是在一定的条件下，对项目工作持续时间的估算。项目工作持续时间指的是直接完成该活动所需时间与必要停歇时间之和。对工作持续时间的估算是项目进度计划管理过程中的一项重要的基础工作，要求尽可能的客观正确。在估算时，不应受到工作的重要性及项目完成期限的限制，要在考虑各种资源供应、技术、工艺、现场条件、工作量、工作效率、劳动定额等因素的情况下，将工作置于正常状态下进行估算。

4）制订项目进度计划。通过分析项目工作的定义、项目工作的排序、项目工作持续时间的估算和项目工作资源要求的假定等信息，来编制项目的进度和计划，其内容包括定义项目的起止时期，以及具体实施方案和措施。

5）项目进度计划的控制。项目进度计划的控制是控制和管理项目进度计划实施、项目进度计划变更等。在实际进度计划实施的过程中，不可避免地会发生主客观条件变化的情况，这时就要根据现实的变化，调整或改变原定计划。在项目进行过程中，既需要不断监控项目的进程以确保每项工作都能按项目进度计划进行，也必须不断掌握计划的实施状况，将实际情况与计划进行对比分析，然后根据情况采取有效的对策，以保证项目能够按照既定的进度目标前进。因此，监控实际进度，及时定期地将实际进度与计划进度比较，及时采取纠正措施就成为有效项目进度计划控制的关键。项目进度计划的控制过程如图 3—6 所示。

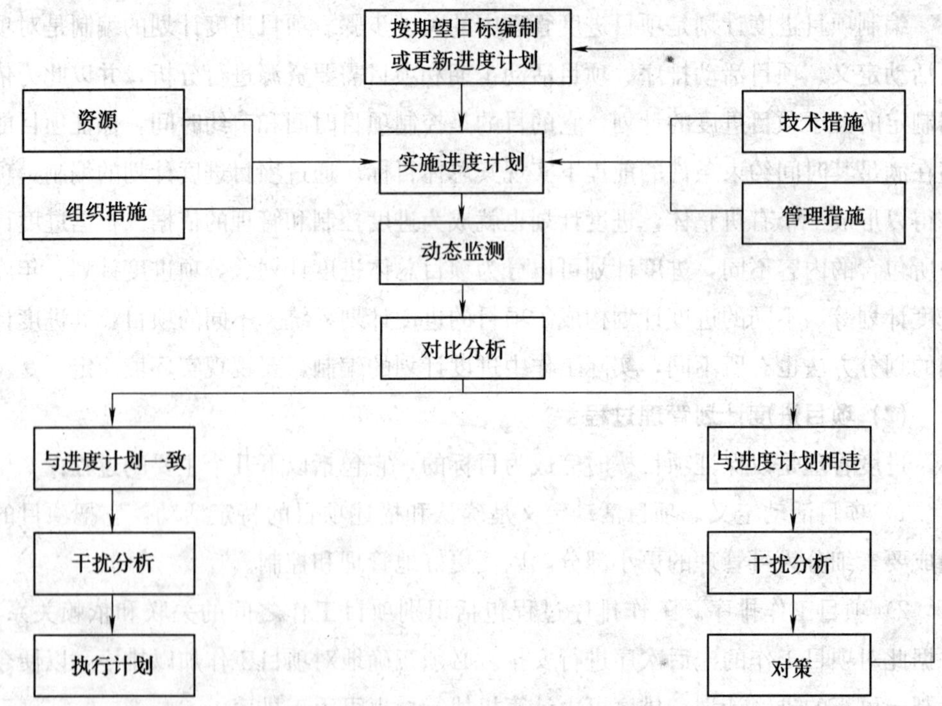

图 3—6　项目进度计划控制过程图

项目进度计划管理的几个过程彼此相互影响，同时也与外界的过程交互影响。根据实际情况，每一过程由专人或数人或一组人加以完成。在项目各阶段，每个过程通常至少出现一次。虽然上述过程是分开叙述的，具有明确的分界。实际上它们也可能是重叠和相互影响的。有些项目，特别是一些小项目，如活动排序、活动时间估计和进度安排这些过程紧密相连，可视为一个过程。

2. 项目进度管理图示

(1) 进度网络图

一个项目网络图是项目所有活动以及它们之间逻辑关系（相关性）的图解表示。进度网络图是用来表示工作流程的有向、有序的网状图形，由节点、箭线与箭线连成的路线组成。进度网络图分为节点式（以节点表示活动）和箭线式（以箭线表示活动）两大类。

1）节点式网络图。节点式网络图是一种使用节点表示工作、箭线表示工作关系的项目网络图。这种网络图又称为单代号网络（AON）或者前驱图法（PDM），这种方法是大多数项目管理软件包所使用的方法。它利用结点代表活动而用结点间箭头表示活动的相关性，图 3—7 所示为一个用 PDM 法编制的简单网络图，PDM 法可用手编也可用计算机实现。节点式网络图的基本符号为节点、箭线、线路，图中应只有一个开始节点和一个结束节点。

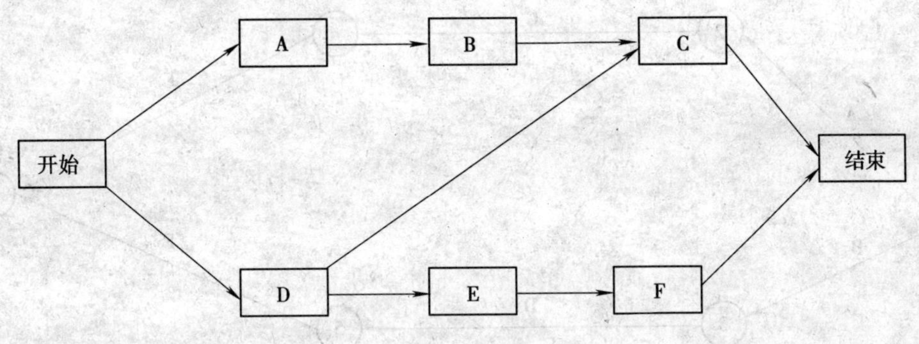

图 3—7　节点式网络图

在进度网络图中，相邻工作之间的搭接关系主要有 4 种见表 3—7：完成—开始（FS，Finish to Start），即某活动必须结束，然后另一活动才能开始；完成—完成（FF，Finish to Finish），即某活动结束前，另一活动必须结束；开始—开始（SS，Start to Start），即某活动必须在另一活动开始前开始；开始—完成（SF，Start to Finish），即某活动结束前另一活动必须开始。

表 3—7　　相邻工作之间的搭接关系表

任务相关性	范例	描　述
完成—开始（FS）	A B	只有在任务 A 完成后任务 B 才能开始
开始—开始（SS）	A B	只有在任务 A 开始后任务 B 才能开始
完成—完成（FF）	A B	只有在任务 A 完成后任务 B 才能完成
开始—完成（SF）	A B	只有在任务 A 开始后任务 B 才能完成

在 PDM 法中，“完成—开始”是最常见逻辑关系，“开始—完成”关系极少使用。而对项目管理软件而言，如果用“开始—开始”“完成—完成”或“开始—完成”关系会产生混乱的结果，因此在使用大多项目管理软件编制进度计划时，会发现它并没有对这 3 种类型的相关性加以考虑。

2）箭线式网络图。箭线式网络图是用箭线表示活动，用结点连结箭线以示相关性的项目网络图。这种网络图又称为双代号网络（AOA）或者箭头图方法（ADM）。图 3—8 所示为用 ADM 法做的一个简单项目网络图。ADM 仅利用“完成—开始”关系以及用虚工作线表示活动间逻辑关系。ADM 法可手编也可在计算机上实现。

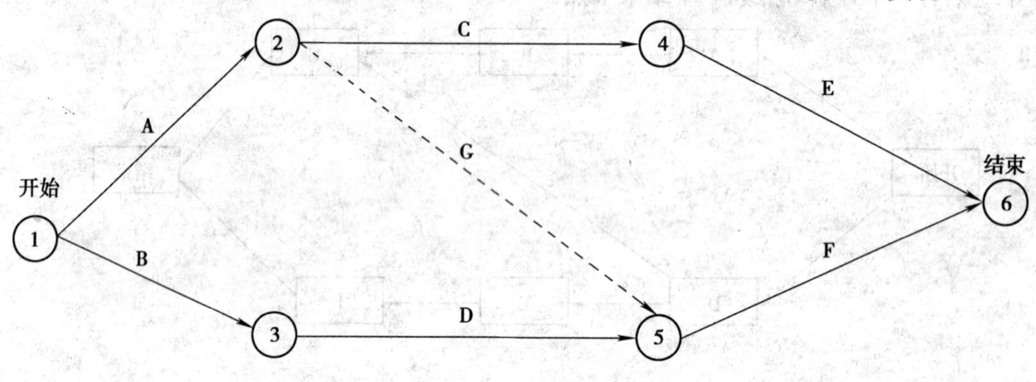

图 3—8　箭线式网络图

箭线式网络图的基本要素有箭线（工作）、节点（又称结点、事件）、线路。箭线式网络图绘图规则类似于节点式网络图的绘图规则，箭线式网络图中应只有一个开始节点和一个结束节点（多目标网络计划除外）；而其他所有节点均应是中间节点。

例如，已知某工程项目的工序，见表 3—8，绘制其 ADM 网络图。

表 3—8　　工程项目工序表

活动	紧后活动
a	d，e
b	d，e，f
c	e，f
d	—
e	—
f	—

该工程项目的 ADM 网络图结果如图 3—9 所示。

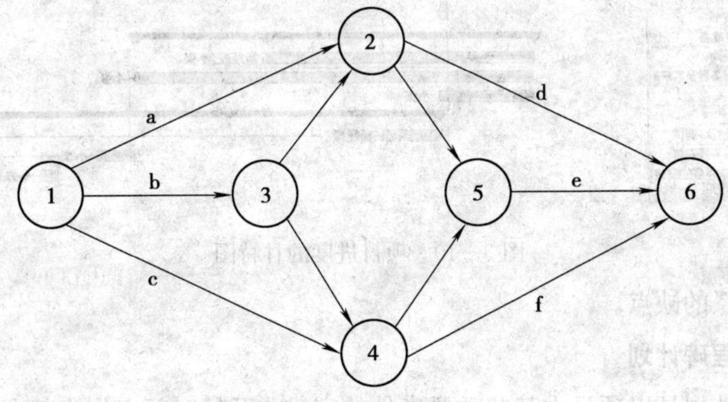

图 3—9　某工程项目的 ADM 网络图

（2）甘特图

甘特图，也叫做线条图。它是以横线来表示每项活动的起止时间，如图 3—10 所示。甘特图的优点是简单、明了、直观，易于编制，甘特图的缺点在于它无法反应项目中所包含的各项工作的复杂关系，因此，很难根据甘特图进行定量的计算分析，难以进行计划优化等。目前为止，甘特图对小型项目来说是方便而且常用的工具。在大型工程项目中，它有时也可充当高级管理层了解全局、基层安排进度时有用的工具。甘特图对于优化资源、编制资源及费用计划也很有帮助。

在甘特图上，可以看出各项活动的开始和终止时间。在绘制各项活动的起止时间时，也需要考虑它们的先后顺序。但不难看出，在甘特图上各项活动间的关系并没有被表示出来，也没有指出影响项目寿命周期的关键所在，所以对于复杂的项目来说，甘特图就显得不足以适应了。随着现代项目管理的发展，网络图和甘特图这两种形式得到了有机的结合，在传统甘特图的基础上，还出现了带有时差的甘特图和具有逻辑关系的甘特图。带有时差的甘特图可以将某些工作开始和完成的机动时间（即时差）表达出来；具有逻辑关系的甘特图则克服了传统甘特图无法表示各项

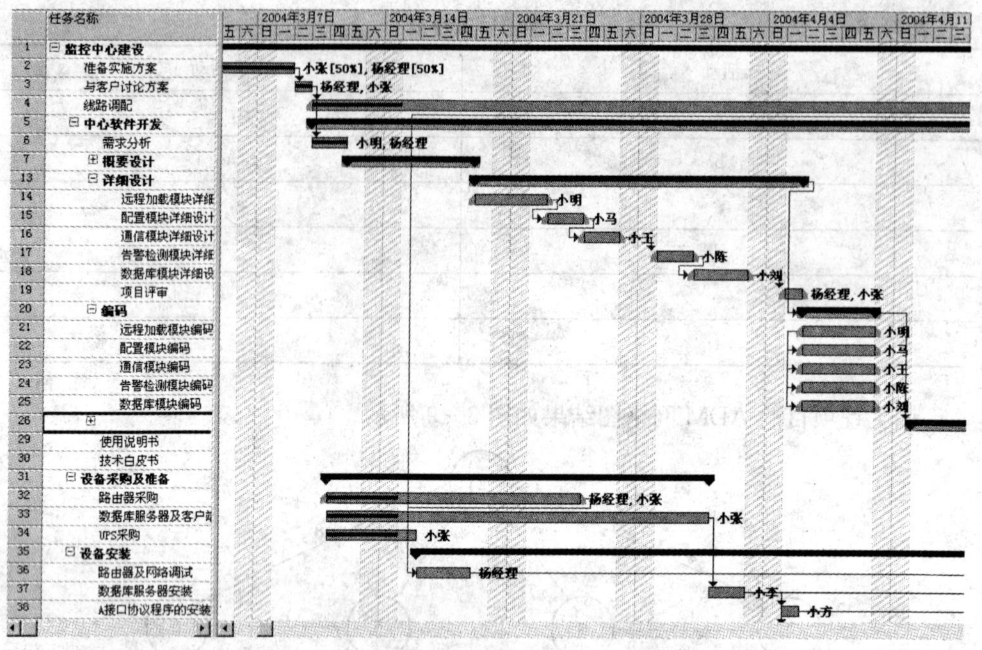

图 3—10　项目进度的甘特图

工作之间关系的缺点。

(3) 里程碑计划

里程碑计划是以项目中某些重要事件的完成或开始时间点作为基准所形成的计划。里程碑计划可以说是一个战略计划或项目框架，它以中间产品或可实现的结果为依据。里程碑计划对项目在每一阶段应达到的状态都给予了描述，但并不关注这一状态是如何达到的。

里程碑计划的编制应根据项目的特点，按项目可交付成果清单进行。它的编制方式主要有两种：一是编制进度计划以前，根据项目特点编制里程碑计划，并以该里程碑计划作为编制项目进度计划的依据；二是编制进度计划以后，根据项目特点及进度计划编制里程碑计划，并以此作为项目进度控制的主要依据之一。

里程碑计划编制一般按以下步骤进行：

1）从达到项目的最后一个里程碑，即项目的最终成果开始反向进行。

2）里程碑设置。项目一般都分为许多阶段，有各种事件，到底哪些事件可作为里程碑事件需采用一定的方法加以确定，最常用的方法是“头脑风暴法”。

3）里程碑复查。有些里程碑可能是某个里程碑的一部分，有些里程碑则可能应该设置而尚未设置，这些问题均需通过复查的方式加以处理。

4）分析每条因果路径，找出逻辑依存关系，加以修改、完善。

5）编制里程碑计划。里程碑计划通常用里程碑图或表的形式表达，里程碑计划表见表 3—9。

表 3—9　　里程碑计划表

里程碑事件	一月	二月	三月	四月	五月	六月	七月	八月
素材收集			▲					
计划书完成				▲				
设计检查					▲			
子系统测试						▲		
单元实现						▲		
计划完成								▲

3. 项目进度估算

项目进度的估算常常会涉及到很多的因素，用一个通用的计算方法来估算是很困难的。目前比较常用的方法有定量计算法、专家判断法和类比估计法。

（1）基本方法

1）定量计算法。定量计算法是根据作业人员的工作效率或人数确定项目工作持续时间的方法，这种方法通常是在确定了工作的工程量或工作量的基础上使用的。这是一种比较正确可靠的方法，但它除了要求能比较正确地确定工作的工程量或工作量之外，能正确地确定工作效率也是它的前提条件之一。

2）专家判断法。专家判断法是由专家根据历史的经验和信息及专家自己的判断能力来估计项目工作的持续时间，这种方法估算出的结果带有一定的不确定性和风险性。

3）类比估计法。类比估计法是根据以前类似的项目的工作时间来估计当前项目的工作时间。这种方法通常使用在项目信息缺乏的情况下。类比估计法的具体估计方法有两种：

①单一时间估计法。这种方法在估计项目工作持续时间时，只估计一个工作持续时间。这个工作持续时间应该是和实际的工作持续时间最接近的。在估计时，通常以完成该项工作所耗费的可能性最大的工作时间为准，并不考虑工作的重要程度和规定时限。单一估计法比较适合工作内容简单、不可知因素较少的情况，或有类似项目的工时资料可以借鉴的情况。

②三种时间估计法。这种时间估算方法要预先估计 3 个时间值，然后根据概率

统计的原理和方法，确定工作的持续时间。这种方法通常用于比较大、相对复杂、不可控因素较多的项目中。估计的 3 个时间分别是：

• 最乐观时间（t_0）：指在最顺利情况下，完成此工作可能需要的最短时间。这里所谓的顺利指的是在正常情况下，假设工作进行中没有出现任何困难。

• 最可能时间（t_m）：指在正常情况下，完成某项工作最有可能出现的时间。即如果此工作在相同条件下重复多次，它就是在完成的时间中出现最多的时间值。

• 最悲观时间（t_p）：指在最不顺利的情况下完成工作所可能需要的最长时间。这里所谓的不顺利是指在正常情况下，假设工作进行中出现了最大的困难。

t_0，t_m，t_p三种时间都是基于概率统计的，是在综合分析项目特点、工作特点、环境等因素的基础上做出的估计。据统计，工作实际消耗的持续时间及其出现的概率分布为正态分布。

根据每项工作的 3 个时间估计值可以为每项工作计算一个期望工时（平均或折衷）$\bar{t}_e$，期望工时的计算公式为：

$$\bar{t}_e=\frac{t_0+4t_m+t_p}{6}$$

（2）项目进度估算需考虑的因素

很显然，采用以上几种不同的进度计划方法本身所需的时间和费用是不同的。应该采用哪一种进度计划方法，主要应考虑下列因素：

1）项目的规模大小。很显然，小项目应采用简单的进度计划方法，大项目为了保证按期按质达到项目目标，就需考虑用较复杂的进度计划方法。

2）项目的复杂程度。这里应该注意到，项目的规模并不一定总是与项目的复杂程度成正比。例如编写静态网页，规模虽然不小，但并不太复杂，可以用较简单的进度计划方法，而编写动态网站，可能就需要较复杂的进度计划方法。

3）项目的紧急性。在项目急需进行，特别是在开始阶段，需要对各项工作发布指示，以便尽早开始工作，此时，如果用很长时间去编制进度计划，就会延误时间。

4）对项目细节掌握的程度。如果在开始阶段项目的细节无法解明，CPM 和 PERT 法就无法应用。

5）总进度是否由一两项关键事项所决定。如果项目进行过程中有一两项活动需要花费很长时间，而这期间可把其他准备工作都安排好，那么对其他工作就不必编制详细复杂的进度计划了。

6）有无相应的技术力量和设备。例如，没有计算机，CPM 和 PERT 进度计划方法有时就难以应用。而如果没有受过良好训练的技术人员，也无法胜任用复杂的方法编制进度计划。

能力要求

《青春期的健康》网络课件编写项目进度表案例

网络课件《青春期的健康》已经完成了课件项目的任务分解，现在需要编写项目进度表。

工作程序

程序 1　获得此网络课件的任务分解表

根据之前已经编写好的任务分解表，准备为其编写进度表。

程序 2　确定完成项目所需要的时间

根据合同要求，此课件的开发周期为 2 个月，所以在 WBS 编制过程中，已经针对 2 个月的约 44 个工作日进行了分配。由于其中许多任务可以同时执行，所以实际执行项目所耗费的时间应小于 2 个月，而且为了应付在项目开发过程中出现的意外情况，应该为项目留有一定时间的余量，时间可以灵活掌握，一般以总时间的 1/4 为宜，这点在稍后编写进度表中需要充分考虑。

程序 3　编写项目进度表

假设现在的时间为 2007 年 11 月 1 日（周四），需要在 12 月 31 日（周一）前完成项目。各主要任务将依次进行，各级子任务则可以根据需要进行重叠，以提高开发效率，见表 3—10。

表 3—10　　网络课件《青春期的健康》项目进度表

任务序号	WBS 细目	任务名称/工作细目	持续时间（工作日）/工作量	前置任务	时间节点	人员
	1	课件总体设计				项目负责人、脚本设计人、媒体设计人
1	1.1	课件目标设计	1/1	无	11 月 1 日（周四）	
2	1.2	课件策略设计	1/1	无	11 月 1 日（周四）	
3	1.3	课件环境设计	1/1	无	11 月 1 日（周四）	
4	1.4	课件界面设计	1/2	1，2，3	11 月 2 日（周五）	
5	1.5	课件设计评审	1/1	1，2，3	11 月 5 日（周一）	

续表

任务序号	WBS细目	任务名称/作细目	持续时间（工作日）/工作量	前置任务	时间节点	人员
	2	课件开发				项目负责人、脚本设计人、媒体设计人、集成制作人
6	2.1	课件脚本编写	3/6	无	11月5日—11月7日（周二、周三、周四）	
7	2.2	课件素材制作	6/9	6	11月6日—11月13日（周二、周三、周四、周五、周一、周二）	
8	2.3	课件集成	6/9	6，7	11月12日—11月19日（周一、周二、周三、周四、周五、周一）	
	3	课件系统测试				项目负责人、课件审核人、脚本设计人、媒体设计人、集成制作人
	3.1	课件测试准备				
9	3.1.1	测试计划制订	2/2	无	11月20日—11月21日（周二、周三）	
10	3.1.2	课件测试用例编写	2/3	无	11月22日—11月23日（周四、周五）	
11	3.2	课件集成测试	3/3	8，9，10	11月26日—11月28日（周一、周二、周三）	
12	3.3	课件测试评估	1/1	11	11月29日（周四）	
	4	课件发布与验收				项目负责人、部门协助人
13	4.1	课件产品发布	1/1	11	11月30日（周五）	
14	4.2	课件用户培训	2/2	11	12月3日—12月4日（周一、周二）	
15	4.3	课件验收评估	1/1	13	12月5日（周三）	
	5	课件结项				项目负责人、部门协助人
16	5.1	课件结项申请	1/2	14，15	12月6日（周四）	
17	5.2	课件项目总结	2/2	16	12月7日—12月10日（周五、周一）	

程序4　召集会议，做好修改与安排

召集项目有关人员，集体讨论此进度表，根据需要对进度表进行修改。同时使相关人员明确自己的任务及对应时间节点，以便统筹安排各自的工作。

注意事项

因为课件项目开发过程中，有测试和验收的任务，那么就存在着在测试和验收过程中发现问题，需要项目开发人员进行修改完善的地方，因此对应的任务段时间就可能要被延长，所以在制定项目进度表的时候一定要留够时间余量，以保证项目能在规定的时间内完成并通过验收。

学习单元 2　项目计划编制

学习目标

➢ 了解项目计划编制的概念和内容

➢ 掌握 Microsoft Project 2002 软件的使用

➢ 能够使用 Microsoft Project 2002 软件编制项目计划

知识要求

1. 项目计划编制

项目计划是项目负责人和项目组织根据项目目标的规定，为完成项目全部工作而科学预测，对项目实施工作进行的各项活动作出周密的安排，并确定未来行动的方案，是项目规划的具体操作。项目计划是项目管理的第一步，它可以让思想成为产品，是整个项目的头脑。项目计划实际上就是项目的设计书，所以越详细越好。

项目计划的好坏是决定项目成功的关键。项目计划是项目实施的蓝本，它根据项目目标的要求，决定执行活动的内容、时间、责任人、质量要求、成本及其绩效评价等。

(1) 项目计划的作用

1）明确项目实施面临的前提和假设条件。

2）确定项目各个阶段的里程碑，安排为实现项目目标所必须完成的各项工作和活动范围，以及完成这些工作的途径和方法。

3）确定各项工作的责任人员，明确各成员的职责和权限及目标，制订考核绩效的标准。

4）确定各项活动的资源安排及时间进度，估算各项任务的成本，为管理者对项目的时间、费用、质量目标的评审提供依据。

5）帮助项目利益相关者沟通，使大家达成共识，有利于提高项目业主的满意度。

6）安排会议，以便项目管理者对项目的内容、范围、时间进度、成本等进行审核。

7）为对项目各项实施工作进行分析、检查提供了基础，也为对项目进行控制、评估项目绩效提供了基准。

（2）项目计划的原则

1）实用性原则。计划方案要实事求是，建立在科学分析的基础上；计划方案应能以最少的资源产出最大价值的产品；项目方案必须保证项目进行中有足够的人力、物力、财力，以保证项目的可操作性。

2）系统原则。项目计划本身是一个系统，是由各密切相关、紧密相连的项目子计划构成的。因此，在制订项目计划过程中，不仅应考虑单项计划的最优化，还应追求项目整体方案的最优化。

3）动态性原则。项目计划不是一成不变的，对于某些大型项目尤其如此。在项目执行过程中，往往需要其随着组织内外部环境的变化而变化。因此，应考虑多种应变计划和解决方案，以提高项目的灵活性，减少风险，确保项目目标的完成。

4）目标性原则。目标是项目计划的核心，项目计划就是围绕项目目标的实现而制订的。

5）职能性原则。项目计划的制订和实施是以项目和项目管理的总体及职能为出发点的，涉及项目管理的各个部门和机构。

（3）项目计划的内容

项目计划的主要内容是在可行性研究基础上，进一步分析项目所面临的问题和机会，将目标、资源、活动有机地结合，制订出项目具体的行动方案和风险应对计划。

1）项目范围管理计划。项目范围管理计划确定项目所有的充分必要性工作和活动的范围，在明确项目的制约因素和假设因素基础上，进一步明确项目目标及主要交付货，它是项目实施的重要文件基础。

2）项目进度计划。根据合同规定或实际条件的要求，明确项目的交付时间；

在项目分解结构图和各活动的相互依赖关系明确的基础上，安排项目实施日程，并制订和采取项目实施进度的衡量标准和调整措施。项目进度计划的主要工作包括里程碑估算、工期估算及甘特图的绘制，在本节学习单元 1 中已详细论述。

3）项目成本计划。对项目所需资源进行成本估计和费用的分配，即在收集有关信息的基础上，对完成项目所需的各类资源（包括人力、物力资源）的费用进行合理的估算，并结合进度计划，为每项独立工作分配费用，是项目实施过程对成本进行监控的基础。

4）项目质量保证计划。为达到客户的期望而确定项目的质量目标、质量标准和质量方针，以及实现该目标的实施和管理过程，其结果包括岗位职责描述、作业指导书、图纸、技术参数、功能特性要求，以及评审、测量、验收标准。

5）项目人力资源管理计划。该计划描述项目工作分解结构图中各项活动的人员安排，明确项目成员的责任及权利，制定项目成员工作绩效的考核指标及办法，其结果主要包括组织机构图、人员开发计划、责任分配矩阵、项目绩效考评、奖罚制度等。

6）项目采购计划。通过项目采购计划，识别项目哪些需求可以通过从项目实施组织外部采购产品或设备来得到满足，主要确定采购的物品品种、数量、价格、采购的技术要求以及采购的时间。

7）项目变更控制计划。在项目实施前制订项目变更控制计划，以增加项目实施的灵活性。

8）项目风险管理计划。项目风险管理计划是针对项目实施过程中可能遇到的风险和紧急情况而制订的风险识别、控制和管理计划。由于风险的不确定性，故在制订计划时就应该充分考虑风险，并留出一定的资金或时间宽限，以补偿万一发生风险预期事件而造成的损失。

9）文件控制计划。文件控制计划是针对那些与项目实施有关的文件进行管理和维护的计划，目的是使项目有关者能快捷、方便地得到所需的各种文件。文件控制计划主要包括文件的收集、整理和分发计划。

10）支持性计划。支持性计划主要指项目成员培训计划和沟通管理计划。

（4）项目计划编制程序和工具

1）项目计划编制程序

①对项目背景进行总体性描述。主要包括：项目所处的经济、文化、政治环境；项目利益相关者的有关情况；项目产品的定位；行业发展的趋势；项目的描述等。

②明确项目目标。包括进度目标、成本目标、质量目标等。

③定义项目产品。既包括对项目最终交付的成果进行详细的描述，又包括对项目中间产品的确认。

④明确项目实施面临的约束条件和假设前提。

⑤项目工作分解。这是项目计划最基本、最关键的任务。

⑥明确项目各项工作之间的逻辑关系。确定各项工作的相互依存关系，安排紧前、紧后工序，寻找可能遗漏的任务。

⑦估计各项工作的延迟时间和项目总时间。

⑧估计项目各项工作的资源需求及时间投入，进行资源平衡并估算项目总成本。

⑨确定项目各项工作的人员安排、相应资源使用权限和责任，制订工作绩效考核指标和办法。

⑩确定项目的里程碑。所谓里程碑，就是为了能够更好地监测项目的实施情况，而确定项目各个阶段的标志性成果。它有利于及时发现项目实施过程中发生的偏差和存在的问题，保证在既定的质量、时间、成本内完成项目。

⑪制订项目的跟踪及控制计划。

⑫编制其他支持性管理计划。

⑬通过多种形式收集各方意见后，重复上述过程，对计划进行调整、完善和补充。

⑭交决策机构审核、评定。

⑮审核通过后，将计划相关部分传达至各有关人员，部署计划的组织实施工作，接受基层反馈意见，必要时进行计划的修订和更改。

在整个项目计划过程中要注意一点：项目计划制订时间不宜过长。这是因为现在是信息时代，计划往往赶不上环境的变化。若计划时间过长，当计划制订完成后，原用于制订计划的信息可能已经失真。而且，计划时间越长，信息变化可能性越大，导致假设的不确定性也越大，最终也会导致计划的准确性受到影响。

2）项目计划编制的工具。项目计划的编制主要有以下 3 种工具：

①项目任务分解结构（WBS）图。该图是将项目按一定的逻辑关系，逐层分解成易于实施的工作结构示意图。WBS 已在本章第 2 节学习单元 2 中详细介绍，在此以设备安装为例，给出其 WBS 示意图，如图 3—11 所示。

②线性责任图。线性责任图又称责任分配矩阵表，这是根据 WBS 图的分解结

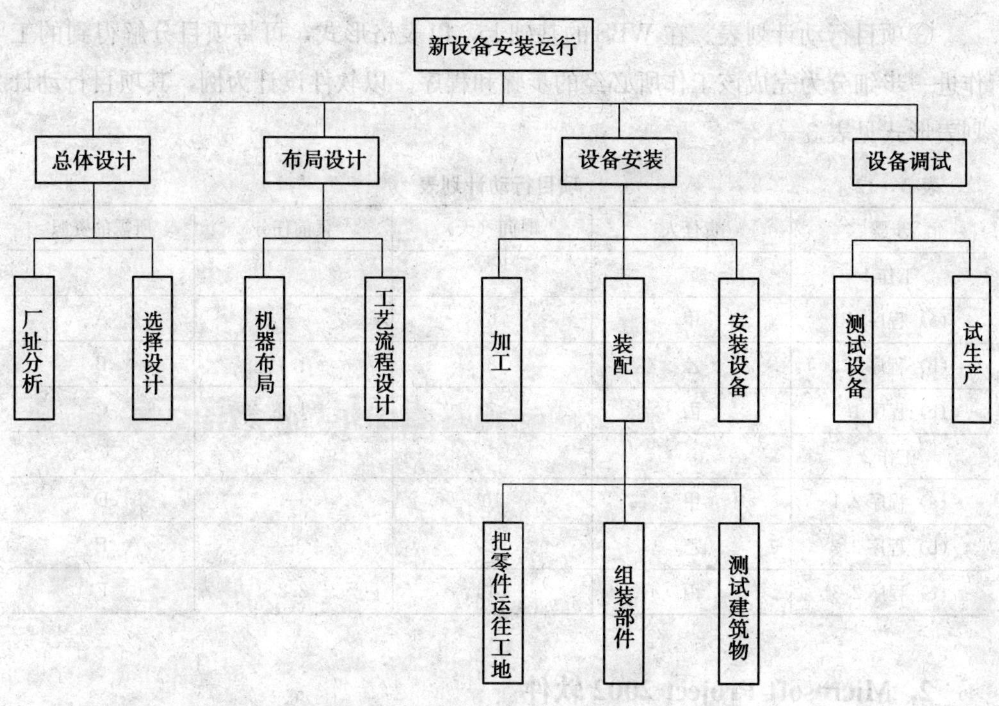

图 3—11　设备安装 WBS 图

果，明确各项工作的具体责任人和不同成员对于某项工作的责任组织层次。所谓责任组织层次是指针对项目负责实际实施、一般监督、参与协商、必须通知和最后审批等不同的责任安排。责任分配矩阵表见表 3—11。

表 3—11　　责任分配矩阵表

WBS	组织责任者		
	项目经理	项目工程师	程序员
确定需求	1	2	—
项目设计	1	2	—
开发工作（1）	3	1	2
开发工作（2）	3	1	2
开发工作（3）	3	1	2
测试工作（1）	3	4	2
测试工作（2）	3	4	2
安装工作（1）	3	4	2
安装工作（2）	4	2	2
安装工作（3）	4	2	2

注：表中数字的含义：1—审批；2—负责；3—通知；4—辅助。

③项目行动计划表。在 WBS 的基础上，以表格形式，可将项目分解得到的工作进一步细分为完成该工作所必经的步骤和程序。以软件设计为例，其项目行动计划表形式见表 3—12。

表 3—12　　项目行动计划表

步骤	责任人	时间（天）	紧前任务	所需的资源
工作 1				
(a) 程序 1.1	甲	6	—	A
(b) 程序 1.2	乙	8	1.1	B
(c) 程序 1.3	丙	7	1.2	C
工作 2				
(a) 程序 2.1	甲	10	—	D
(b) 程序 2.2	乙	2	—	E
(c) 程序 2.3	丙	4	2.2	F

2. Microsoft Project 2002 软件

Microsoft Project 2002 是微软（Microsoft）公司开发的基于. NET 联机能力的项目管理软件，分为标准版（Standard）、专业版（Professional）和服务器版（Server）等系列产品。标准版着眼于个人生产力的提升，专业版和服务器版着眼于企业的项目管理方案。使用者可以通过使用这些产品来实现 3 种项目管理方案：项目管理、团队项目管理、企业项目管理方案。

作为一款优秀的管理软件，Microsoft Project 2002 不仅能够管理一般项目，而且还具备管理复杂大型项目的能力。Microsoft Project 2002 具有处理 100 万个任务项目的能力，同时计算机处理群体项目达 1 000 个，能够在不同项目之间的任务级链接，使项目间复杂控制得以实现，支持现代化的信息交流工具，与微软系列产品良好接口，便于广泛扩展项目管理功能。

Microsoft Project 2002 在项目管理中主要应用于两个方面：

(1) 管理工作分配

在项目管理中，按实际需要把人员和设备逐个地安排到任务上去工作，这个过程和安排的结果就称之为“工作分配”。工作分配看起来并不复杂，但管理起来非常烦琐。Microsoft Project 2002 版把工作分配突出出来作为一个专题进行管理。

1）根据任务实际需要选择适当的资源工时分布模型。Microsoft Project 2002

为用户设置了8种工作分布模型，即常规分布、前轻后重、前重后轻、双峰分布、先峰分布、后峰分布、钟型分布、中央加重型分布。它把任务的整个周期划分为10个区间，根据每种分布的模型为每个时间区间安排相应的投入资源比例，既保证了任务正常进展，又不造成浪费，使资源的使用更加经济合理。

2）按时间分段数据使用户看到的信息更直观、更详细。Microsoft Project 2002按时间分段进行资源工作安排，系统默认的时间分段区间是1天为一个时间段，即无论是任务还是资源的安排信息，它都分解到每一天。

对于每个任务，Microsoft Project 2002都按天提供：原计划中安排的工时和成本，当前计划中安排的正常班工时、加班工时、固定成本、总成本，实际执行的工时、加班工时、成本、完成百分比，累计工时、成本，累计完成的百分比。Microsoft Project 2002还提供关于任务分析的ACWP，BCWP，BCWS，CV，SV等。

对于资源，Microsoft Project 2002按天提供：当天安排的资源的峰值数量，安排工作的资源占总资源百分比，资源超量分配的量，以及原计划中安排的工时和成本，当前计划中安排的正常班工时、加班工时、总成本，实际执行的工时、加班工时、成本、完成百分比，累计工时、成本，累计完成的百分比。Microsoft Project 2002还提供关于资源经济指标分析的ACWP，BCWP，BCWS，CV，SV等，用户可以根据需要选择一部分数据项显示在屏幕上。

3）“任务分配状态”视图可以按任务查看资源使用状况。Microsoft Project 2002的任务分配状态视图按任务列出在其中工作的每种资源的各种信息，并按任务进行汇总。对于摘要任务也将其下的所有任务的资源使用情况进行汇总。根据需要，用户可以选择一部分信息进行显示。如果只需要某个级别上的信息或某一类任务的信息，只要通过筛选器功能把相应的任务筛选出来，相关的报表即可自动生成出来。

4）“资源使用状态”视图可以按资源查看承担任务的状况。Microsoft Project 2002的资源使状态视图按资源列出它们承担的任务上工作的各种信息，并按资源进行汇总。根据需要，用户可以选择一部分信息进行显示。如果只需要某几个资源的信息，只要通过筛选器功能把相应的资源筛选出来，相关的报表就自动生成出来。

Microsoft Project 2002还具备资源分配的报告功能。“谁在做什么报告”按资源把它们承担的任务的投入资源量、工时、起止时间逐一列出；“谁什么时间做什么报告”则把每个资源每天在各个任务上的工时分配都列出来，并可以按行和列进行求和统计。

（2）管理工作任务

项目是由一系列具有依赖关系的工作任务组织起来的，完成这些工作任务，整个项目也就完成了。管理好任务是 Microsoft Project 2002 的最重要功能之一。

1）提供全方位任务信息。Microsoft Project 2002 能自动、随时、全面地提供任务信息，有助于用户有效地控制项目的进展。Microsoft Project 2002 为每个工作任务设置了多达 241 个数据域。

2）按层次组织任务使项目结构清晰。Microsoft Project 2002 提供了能够从大到小的层次把任务组织为摘要任务和一般任务的功能（WBS），而且操作极为简单，两个在同一级别上的任务只要用鼠标通过“降级”工具按钮就能把一个任务缩进，使它们二者的关系从“兄弟”变为“父子”。摘要任务汇总其隶属的所有的子任务的信息，经过这种安排以后，可以非常清楚地看到整个项目的结构和隶属关系。

3）网络图使关键任务突出，依赖关系明了。网络图（或称统筹图）是描述任务间依赖关系的直观方式，Microsoft Project 2002 提供了网络图功能，并可自动生成，使项目计划的修改变得非常方便容易。Microsoft Project 2002 按单代号网络图的形式布局，把任务的紧前任务和紧后任务清楚地展现出来。在每个结点上，用户可以从设置的 200 多数据项中任意选择最多 16 种进行标注．因此，用户可以通过选择不同的信息类别生成各种类型的网络图。Microsoft Project 2002 的网络图还自动为用户计算最早时间、最晚时间、关键路径、时差，并以醒目的颜色和图案标识出来，使用户能一眼看出完成项目的焦点在什么地方。Microsoft Project 2002 网络为用户标出已经完成的任务、正在进行中的任务、未开始的任务及其开始时间。它在图上告诉用户哪些任务上分配的资源有超负荷分配问题而需要调整，哪些任务的成本超出了预算。

4）表和图结合的横道图利于从时间上分析任务。Microsoft Project 2002 的横道图是和数据表结合到一起的，把经常需要查看的任务数据按类别预先设置在几个表中，当用户选择某个表时，Microsoft Project 2002 就在左边按表形式显示数据，右边则显示横条图。如果现有的表都不能满足需求，用户还可以自己先把需要的数据项定义一个表格，按相同的办法生成横道图。用户还可以选择 5 种数据直接显示在横条图的四周以及条内。当用户想把当前计划、实际计划和最初计划进行比较时，Microsoft Project 2002 会把这 3 个横条图同时显示出来。另外，在横道图上还可以把来自其他文件的图、文字说明、图片、声音文件等汇集成一体，增加图的表现性。

5）月历图使用户能早知道任意一天内将进行的任务。Microsoft Project 2002 的日历视图，可以方便用户了解任意一天内将要进行的任务，以及项目生命周期中的某一天是当年的第几天，项目已经进行了多少天，距离项目结束还有多少天等。

6）任务拆分功能使项目管理更灵活。Microsoft Project 2002 提供了任务拆分功能。

3. 利用 Microsoft Project 2002 软件编制项目计划过程

相关链接

美国项目管理协会总结了项目管理实践中成熟的理论、方法、工具和技术，以及一些富有创造性的新知识，推出了“项目管理知识体系”（Project Management Body of Knowledge，PMBOK）。PMBOK 按所属知识领域共分为 9 类，即集成管理、范围管理、时间管理、成本管理、质量管理、人力资源管理、沟通管理、风险和采购，每个知识领域包括数量不等的项目管理过程，共有 39 个（核心过程 17 个，辅助过程 22 个）；按时间顺序分为 5 类，即启动、计划、执行、控制、结束；按重要程度分为 2 类：核心过程和辅助过程。

PMBOK 给出的建立项目计划的流程图如图 3—12 所示。

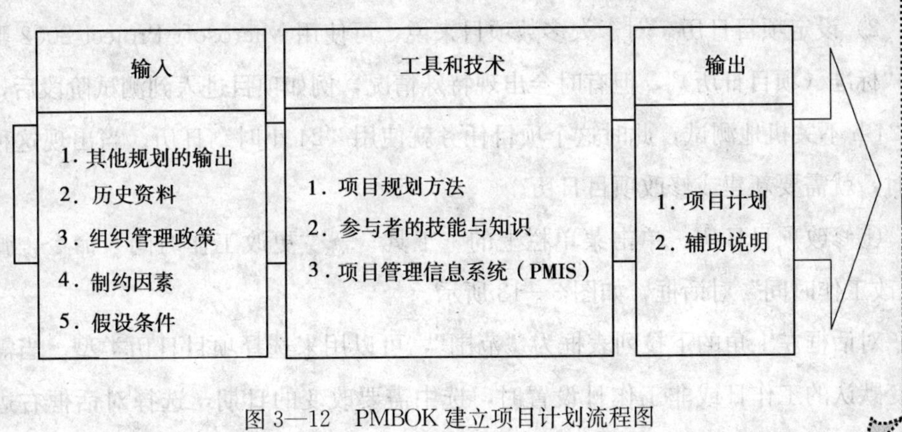

图 3—12　PMBOK 建立项目计划流程图

利用 Microsoft Project 2002 软件编制项目计划的主要过程为：

(1) 创建项目文件

1）收集项目信息

①明确目标。在开始制订项目计划之前，要明确定义项目目标，包括项目内容、开始时间、结束时间。要从总体上明确项目和项目范围，以便清楚为达到项目目标具体应采取的步骤。构造项目任务时，首先要勾画出主要步骤，在此过程中，可以不考虑任务顺序，只需写出项目所有可能的步骤。

②确定任务细节。在确定任务的目标后，接着就要对其进行分解，以详细确定任务的细节。在进行任务分解过程中，要注意以下几点：

a. 要列出主要任务，不要拘泥于细节。

b. 使用里程碑标出项目的时间。

c. 制定的项目任务应包括管理者想知道的内容。

③规定时间限制。明确项目所包含的任务后，还需要知道安排项目任务的时间。

④配置资源。在开始构造项目计划前，用户要知道可用的资源及其成本。在制定项目初期，需要明确这些资源，并分配到任务，找出所有有关这些资源的可用性信息。

⑤任务间的关系。在开始向计划表输入项目计划之前，要弄清楚各任务之间的关系，如各任务之间的先后实施关系等。

2）设定项目日历。对于大多数项目来说，可使用 Microsoft Project 2002 默认的“标准（项目日历）”，但有时会出现特殊情况，例如项目进入到测试阶段后，需要 24 h 不关机地测试，此时这个项目任务就使用“24 小时”日历。当出现这种情况时，就需要新建或修改项目日历。

①修改项目日历。单击菜单栏上的“工具”→“更改工作时间”命令，弹出“更改工作时间”对话框，如图 3—13 所示。

对话框左上角的下拉列表框为“范围”，可以用来选择项目日历类型。当需要改变默认的工作日或非工作日设置时，选中需要改变的日期，选择对话框右边的“将所选日期设置为”下的相应复选框，如图 3—14 所示。

②新建项目日历。Microsoft Project 2002 提供两种建立新日历的方法：

一是点击“更改工作时间”对话框中的“新建”按钮，弹出“新建基准日历”

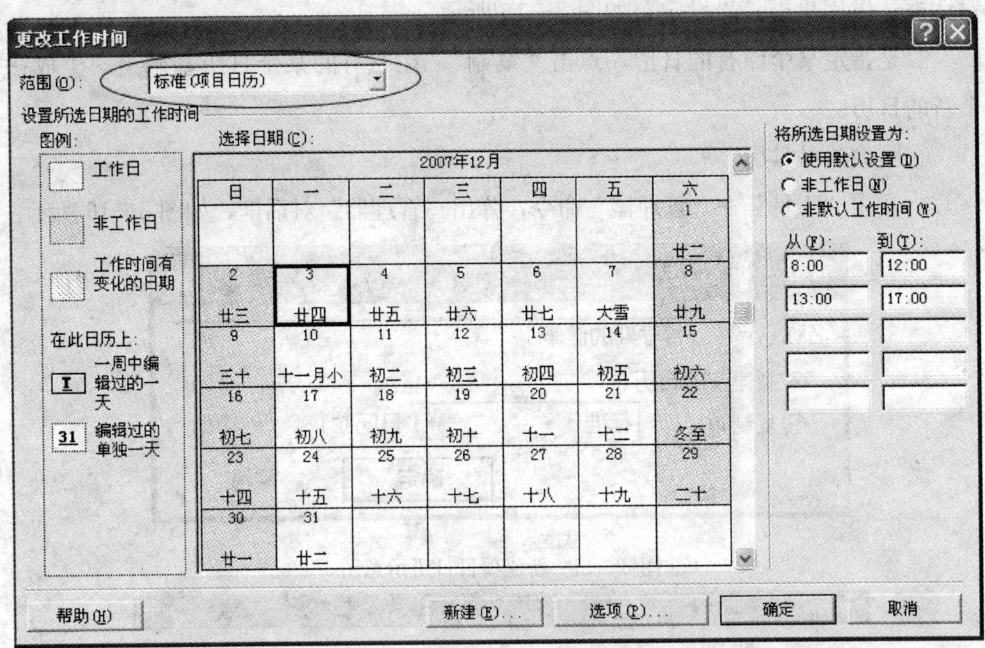

图 3—13 更改工作时间对话框示意图

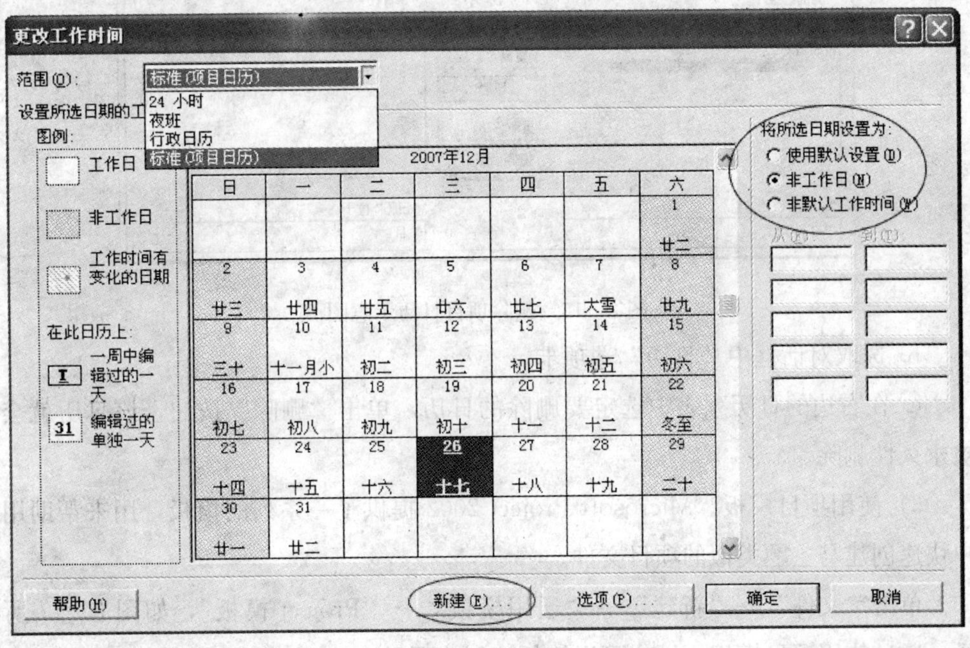

图 3—14 特殊日期设定示意图

对话框，供用户进一步设定，如图 3—15 所示。

二是指定某个原有的日历，点击“复制”，在原有的某个日历基础上，生成一个新的日历。

③删除项目日历

a. 单击“工具”→“管理器”命令，弹出“管理器”对话框，如图 3—16 所示。

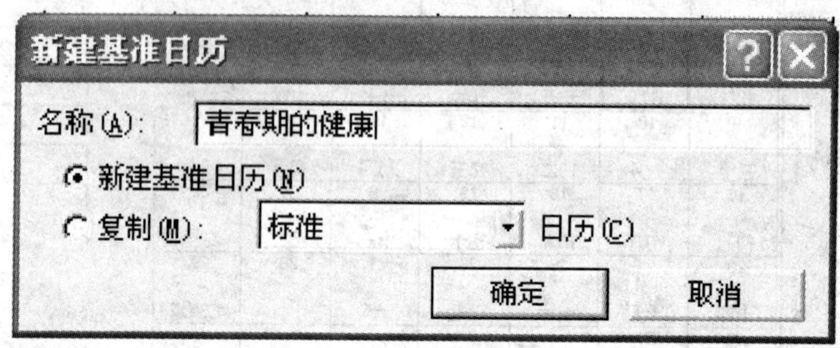

图 3—15　新建项目日历示意图

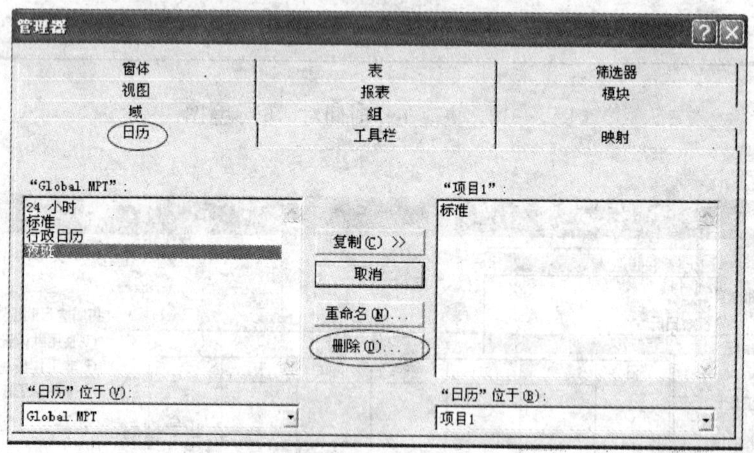

图 3—16　删除项目日历示意图

b. 选取对话框中“日历”选项卡。

c. 在右边的日历列表中选定要删除的日历，单击“删除”按钮，该日历就会被永久性删除。

3）使用项目模板。Microsoft Project 2002 提供了一系列的模板，用来帮助用户快速创建与主题类似的项目文件。

单击“文件”→“新建”→“通用模板”→“Project 模板”，如图 3—17 所示。通过使用项目模板，用户可以简便地创建项目文件。

（2）创建项目任务

任务是构造成项目的基本单元，任何项目的实施都是通过完成一系列的任务来

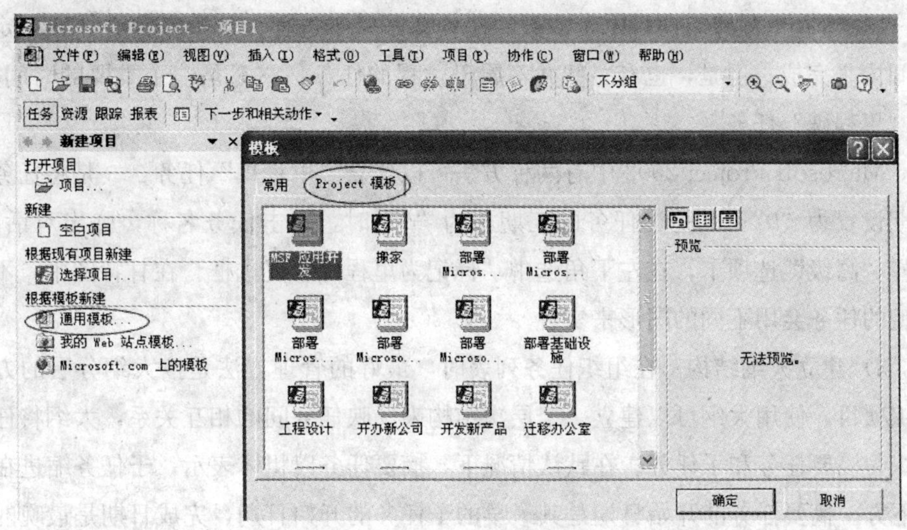

图 3—17　使用项目模板示意图

实现的，所有任务的完成就标志着一个项目的最终结束。

1）建立任务，开始制定项目。一般先输入主要的、概略性的步骤来实现项目的目标。在“甘特图”方式下，屏幕左边显示任务的列表，右边显示每项任务所需的时间图。在此方式下，可以很方便地对任务进行修改或重新安排，如图 3—18 所示。

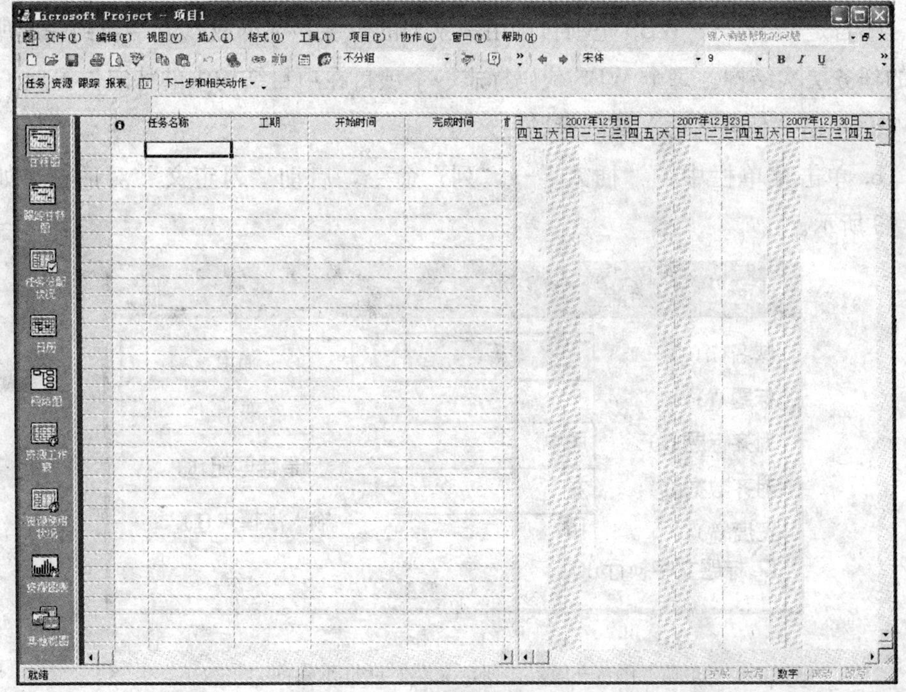

图 3—18　甘特图方式示意图

2）建立里程碑。项目中大多数的任务都是一个过程，这些任务必须在一定的时间内来完成；但是，也有一些并不属于过程的任务，它只是一个重要的时间点，即“里程碑”任务。

Microsoft Project 2002 中有两种方法可以建立“里程碑”任务：一是将任务的工期设置为“0”；二是当任务的工期不为“0”时，双击任务名称，弹出对话框，选择“高级”选项卡，在左下角选中“标记为里程碑”复选框。在甘特图中，不同类型的任务会用不同的图形来实现。

3）建立大纲结构。在组织任务列表时，最好的管理方法是按大纲分层的方法组织项目。使用大纲可以建立一个层次结构来反映任务间的相互关系，大纲将任务组织为摘要任务和子任务。在默认情况下，摘要任务以粗体表示，子任务缩进在它的下方。摘要任务的开始日期是其最早的子任务的开始日期，完成日期是最晚的子任务的完成日期。

①添加子任务。在任务列表中输入任务后，通过降级处理那些有共同特性的任务，使其成为子任务。

a. 单击菜单栏上的“视图”→“甘特图”命令。

b. 在“任务名称”域中选取需要降级或升级的任务。

c. 单击工具栏左上角的“→”将任务降级或“←”将任务升级。

②自定义 WBS。WBS 是项目中由一系列的数字、字母或二者结合到一起所标志的任务层次结构。每个 WBS 代码标志一个项目在项目结构中的特定位置。

a. 单击“任务名称”域列标题栏。

b. 单击菜单栏中的“插入”→“列”命令，启动“列定义”对话框，如图 3—19 所示。

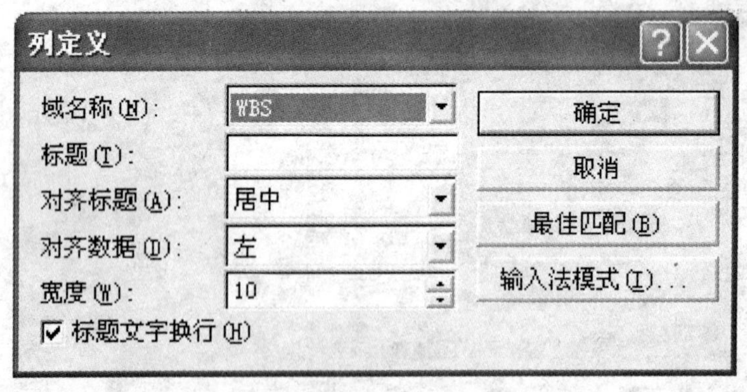

图 3—19 “列定义”对话框示意图

c. 在“域名称”域中选择“WBS”。

d. 在“对齐数据”域中选择“左”。

4）移动、复制和显示任务。设置好项目任务的分级结构后，可以看清任务间的顺序，用户可以操作这种分级结构来决定与显示和隐藏有关的细节。当对任务和资源进行复制或移动时，Microsoft Project 2002 会重新建立任务链接关系，通常还会包括与任务相关的子任务、备注信息和链接或嵌入对象。

①在分级结构中移动任务。在大纲结构中移动任务，可以利用剪切与粘贴来实现，也可以用鼠标进行拖动来实现。在移动摘要任务时，其子任务会随之移动，为了避免这种现象，可先将子任务升级，等移动完成以后，再将子任务降级。

对任务或资源进行复制和移动时，Microsoft Project 2002 会重新建立任务链接关系，如果不希望此现象出现，可以按如下步骤操作：

a. 单击菜单栏中的“工具”→“选项”命令。

b. 选取“日程”选项卡。

c. 不选中“自动链接插入或移动的任务”复选框，如图 3—20 所示。

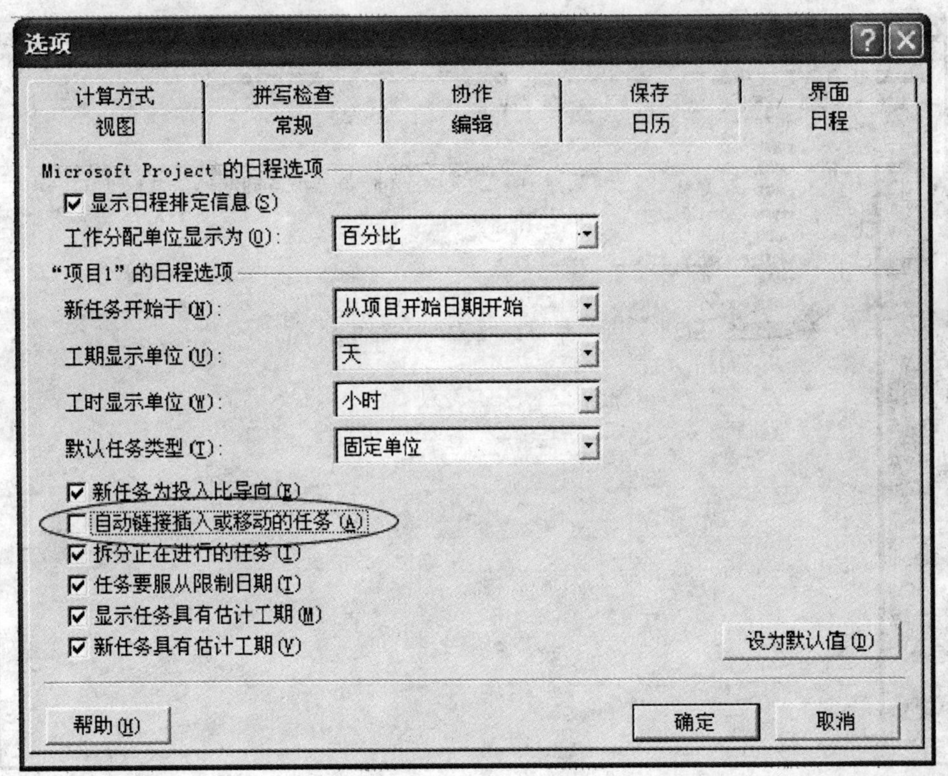

图 3—20　日程选项卡示意图

②复制任务。复制任务用于设置项目分级结构，操作步骤如下：

a. 选择要复制的域。

b. 单击“复制”按钮。

c. 选择要粘贴所选内容的域。

d. 单击“粘贴”按钮。

要复制摘要任务及其子任务时，只需选择摘要任务进行复制，子任务会自动进行复制。另外，如果项目中有几项重复性步骤或任务，可考虑使用宏进行复制和粘贴一系列任务来设置项目计划。

③显示/隐藏子任务。分级结构允许细分摘要任务，并能以不同的细节层次来查看项目信息。摘要任务左边的小方框含有一个减号，这个符号表示所有子任务都被显示出来了，单击减号，所有子任务都会消失，减号就会变成加号，加号表示该任务下有子任务，单击加号可显示这些子任务。另外，用户也可以通过单击工具栏中的“显示”命令，选择不同的命令来显示不同大纲级别的子任务，如图 3—21 所示。

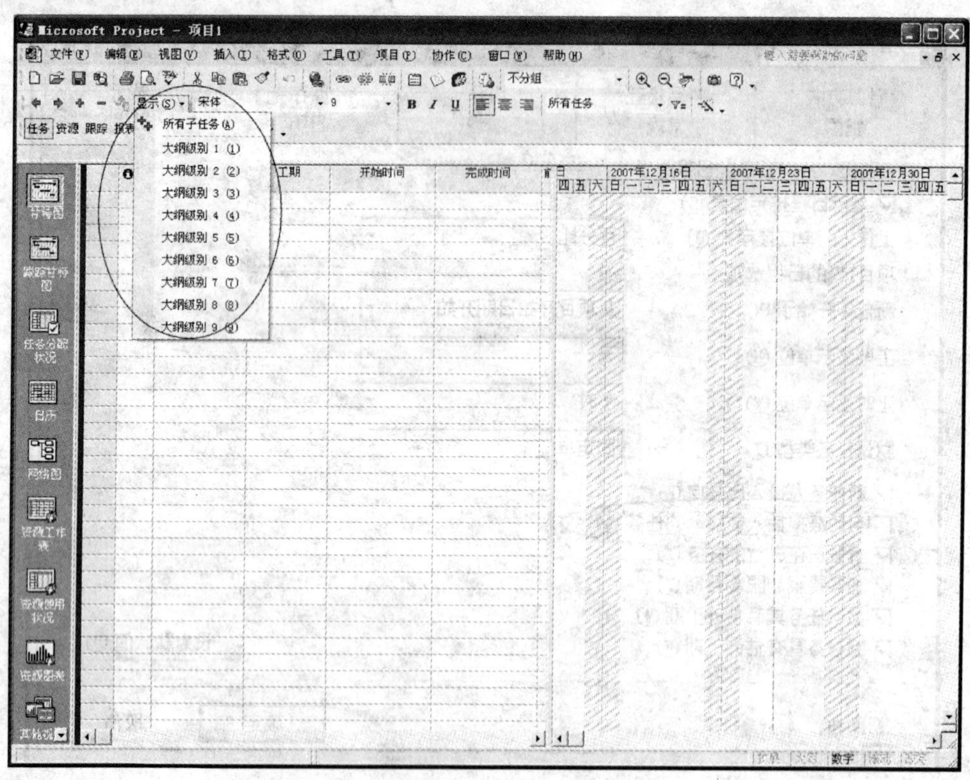

图 3—21　用“显示”命令来显示子任务示意图

(3) 安排任务的工期

1）安排任务的时间。Microsoft Project 2002 提供 3 种任务类型，如图 3—22 所示。

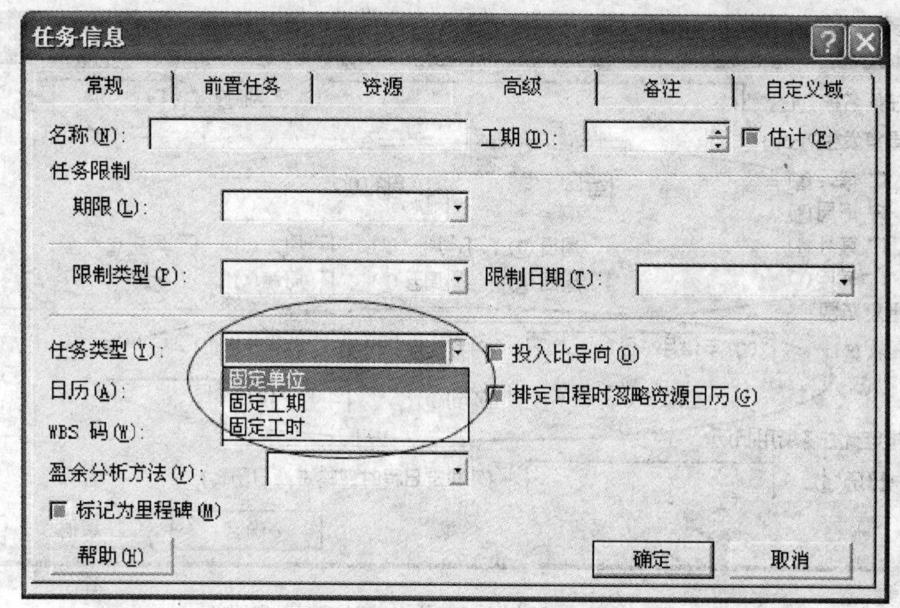

图 3—22　3 种类型任务示意图

①固定单位任务。在默认状态下，Microsoft Project 2002 创建的是资源驱动类型的任务。在资源驱动项目中，当用户增加资源时，可加快任务进度；反之，则会减慢任务进度。在 Microsoft Project 2002 中资源驱动任务被称为固定单位任务。

②固定工期任务。对于固定工期的任务，资源的数量并不能影响其工期进度。

③固定工时任务。对于固定工时任务，由用户设置任务持续时间，由 Microsoft Project 2002 来为每个资源制定一个劳动量百分数，即每个资源占完成该任务所需总劳动量的百分数。

2）安排任务的进度。要为某个单项任务指定工期，可采用以下 3 种方法之一：

①在甘特图中的“任务工期”列中直接输入日期。

②用鼠标左键拖动甘特图中的任务条改变其长度来改变工期。

③使用“任务信息”对话框来输入并查看有关任务的所有信息。

3）安排周期性任务。周期性任务是指任务的发生在时间上具有一定的间隔规律，如每周开 1 次例会。对于周期任务，可使用 Microsoft Project 2002 提供的周期性任务特性，只需创建一次“进度协调会议”任务，同时列出一个开会频率和时间安排。

①单击“插入”→“周期性任务信息”命令，弹出对话框，如图 3—23 所示。

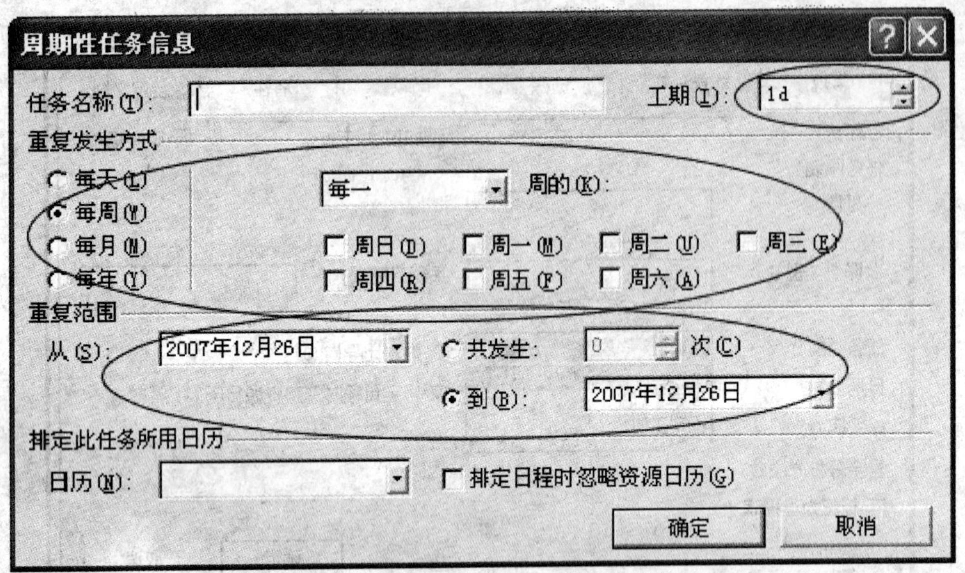

图 3—23 “周期性任务信息”对话框示意图

②在“工期”域内，设置任务持续时间，如为 2 h。

③设置任务发生频率，选择“每一周”，然后在右边选择想发生的日期。

④设置时间长度，通过输入“从……”和“到……”，这时“共发生”域中自动显示任务将发生的次数。

4）设置任务限制类型。任务工期的不同限制类型会影响任务的时间安排，这个时间是相对于项目开始或结束时间来说的。默认时，当按“从项目开始日期起”排定的项目添加新任务时，所有任务的开始时间都设置成“越早越好”；按“从项目完成日期起”排定项目时，Microsoft Project 2002 将自动指定一个“越晚越好”的限制。Microsoft Project 2002 中提供了 8 种任务限制类型供用户选择，见表 3—13。

表 3—13　　任务限制类型表

任务限制类型	说　明
必须开始于	在用户设定的日期开始任务
必须完成于	在用户设定的日期完成任务
不得晚于……开始	任务不能晚于所设定的日期后开始
不得晚于……完成	任务不能晚于所设定的日期后完成

续表

任务限制类型	说　明
不得早于……开始	任务不能早于所设定的日期前开始
不得早于……完成	任务不能早于所设定的日期前完成
越晚越好	在不影响项目如期完成的情况下，任务的开始日期按“越晚越好”安排。在此限制条件下，不能输入限制日期
越早越好	任务的开始日期按“越早越好”安排。在此限制下，不能输入限制日期

在任务限制中除了“越早越好”和“越晚越好”外，其他限制都必须设定限制日期。Microsoft Project 2002 会根据任务的状态更新后，与期限日期进行比较，如果超过期限日期将会显示一个标记。用户可在“摘要任务信息”对话框中的“高级”选项卡内对任务设置时间限制，具体操作为：单击“期限”域旁的箭头，可从下拉日历中选择一个日期，也可直接输入一个日期。

5）设置任务优先级别。对任务进行优先级设定，可以让用户使用系统提供的资源均衡功能解决资源冲突问题。用户可以为任务设定 1 000 个优先级，其中 1 代表最低，1 000 代表最高。优先级在“项目信息”对话框中设定。

①甘特图中选定任务后，双击该任务名称，弹出“任务信息”对话框。

②选择“常规”选项卡。

③在“优先级”域中输入任务的优先级，如图 3—24 所示。

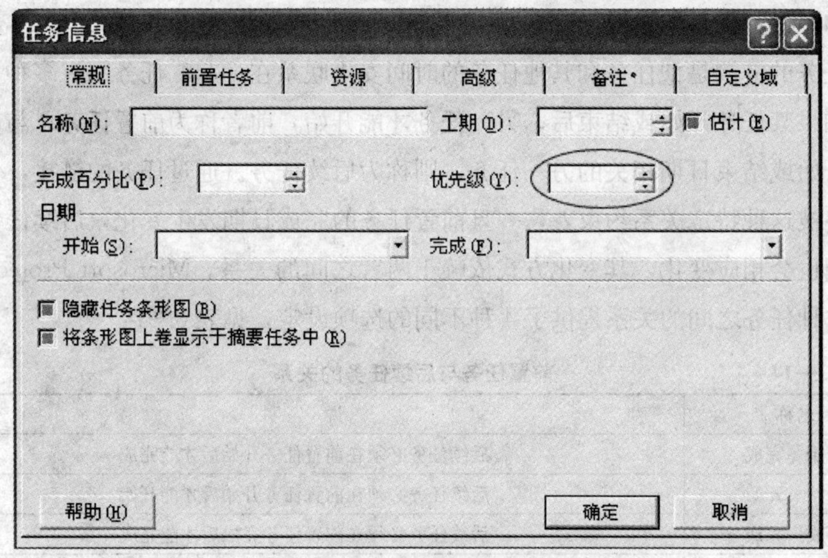

图 3—24　任务优先级设置示意图

6）通过甘特图查看进度

①改变甘特图中时间刻度的时间增量。通过双击时间刻度或者单击菜单栏中的“格式”→“时间刻度”命令，弹出“时间刻度”对话框，用户可以改变中层和底层的时间单位来改变时间刻度，如图 3—25 所示。

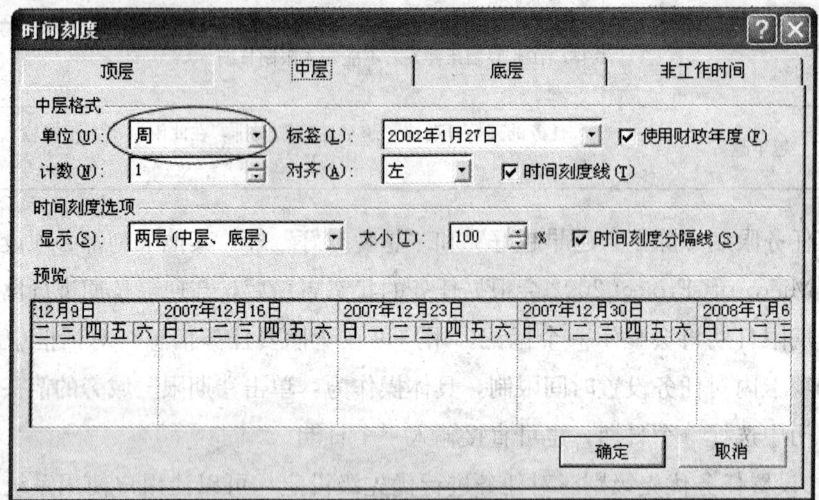

图 3—25 “时间刻度”对话框示意图

②修改甘特图中列的宽度，在屏幕上显示更多的列数。当鼠标在各列右边界移动时，鼠标光标会变成一个双向箭头，单击并向右或向左拖动鼠标来调整各列的宽度。

③单击工具栏上的放大镜，可以放大和缩小时间刻度。

(4) 进行任务的链接

任务的链接是把任务和其他任务的时间安排联系在一起。任务间有多种关联方式：如果某任务开始或结束后，另一任务才能开始，前者称为前置任务；与前置任务的开始或结束日期相关的另一任务，则称为后续任务。通过任务的链接，任务之间始终被这种特定关系约束着，一旦前置任务的完成日期发生变化，后续任务的开始日期也会相应变化，其变化方式依赖于两者之间的关系。Microsoft Project 2002 对于 2 种任务之间的关系提供了 4 种不同的选项设定，见表 3—14。

表 3—14　　前置任务与后续任务的关系

名称	说　明
开始—完成	后续任务必须在前置任务开始后才能完成
开始—开始	后续任务必须在前置任务开始后才能开始
完成—完成	后续任务必须在前置任务完成后才能完成
完成—开始	后续任务必须在前置任务完成后才能开始

能力要求

使用 Microsoft Project 2002 软件编制项目计划案例

使用 Microsoft Project 2002 为网络课件《江南古镇——同里》编制项目计划。

工作程序

程序 1　使用项目向导创建网络课件的项目计划

（1）收集课件项目的信息，明确课件项目的开始时间、结束时间、参与的人员等信息。

（2）运行 Microsoft Project 2002 软件，点击菜单栏中“新建”按钮，使用项目向导建立新项目计划，如图 3—26 所示。

在“任务向导”栏中，点击“定义项目”，进行第 1 步：输入项目的开始日期；

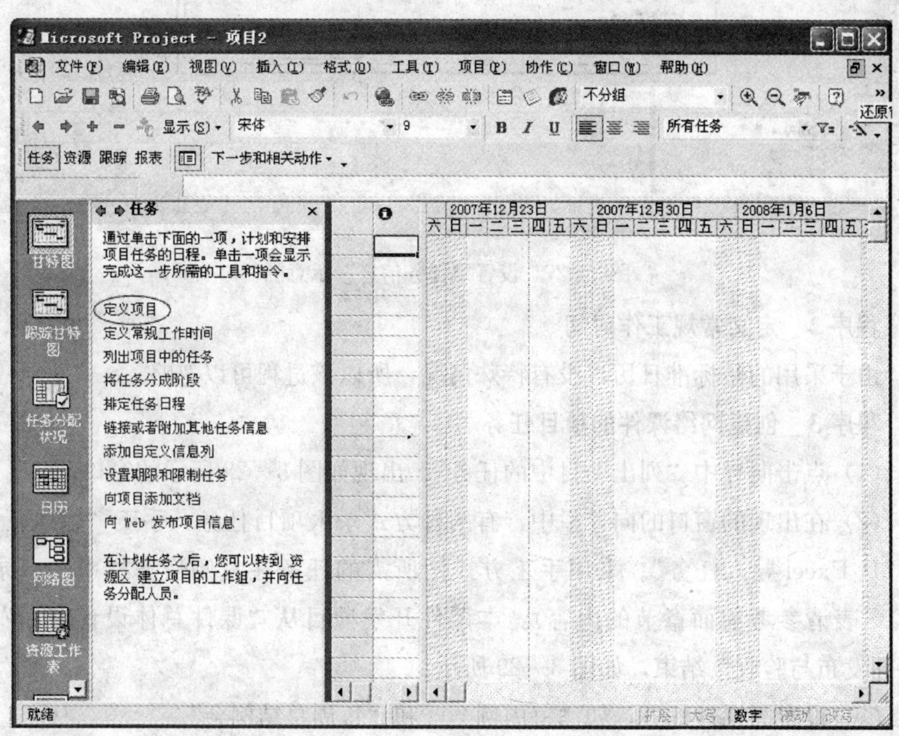

图 3—26　新建项目示意图

保存并前往第 2 步，选择“否”，不要求网络支持；保存并前往第 3 步，点击“保存”，弹出“另存为”对话框，输入文件名“同里”，进行路径设定后保存；保存并前往第 4 步，双击右侧栏中“任务名称”下的空白栏，弹出“任务信息”对话框，点击“高级”，输入项目的名称、工期（估计）、任务限制类型和结束的日期、任务类型等，如图 3—27 所示；然后点击向导中的“保存并完成”。

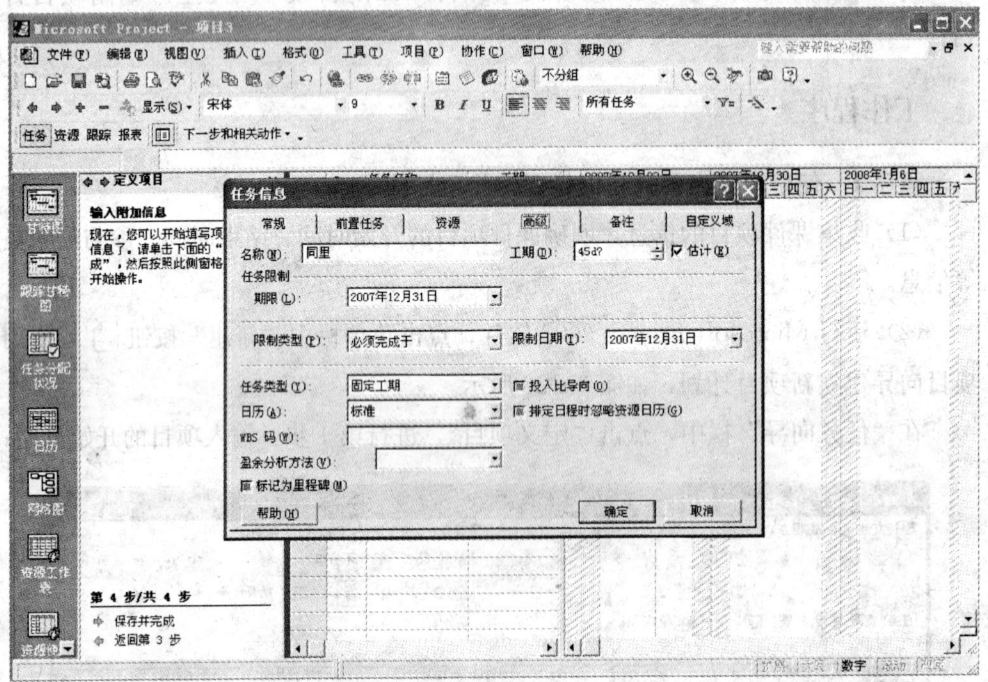

图 3—27　设置“任务信息”示意图

程序 2　定义常规工作时间

由于采用的是标准日历，没有特殊情况，所以该过程可以忽略。

程序 3　创建网络课件的项目任务

（1）点击向导中“列出项目中的任务”，出现如图 3—28 所示的窗口。

（2）在出现的窗口的向导栏中，有两种方式录入项目任务：手工“输入任务”和“从 Excel 导入任务”。采用手工方式把所需的任务在右侧任务栏中一一录入（WBS 表请参考前面章节的内容）。本课件开发项目从“课件总体设计开始”到“课件发布与验收”结束，如图 3—29 所示。

（3）设置周期性任务，如“每周例会”和“每周总结例会”。

点击菜单“插入”→“周期性任务”，弹出“周期性任务信息”对话框，如图 3—30 所示。

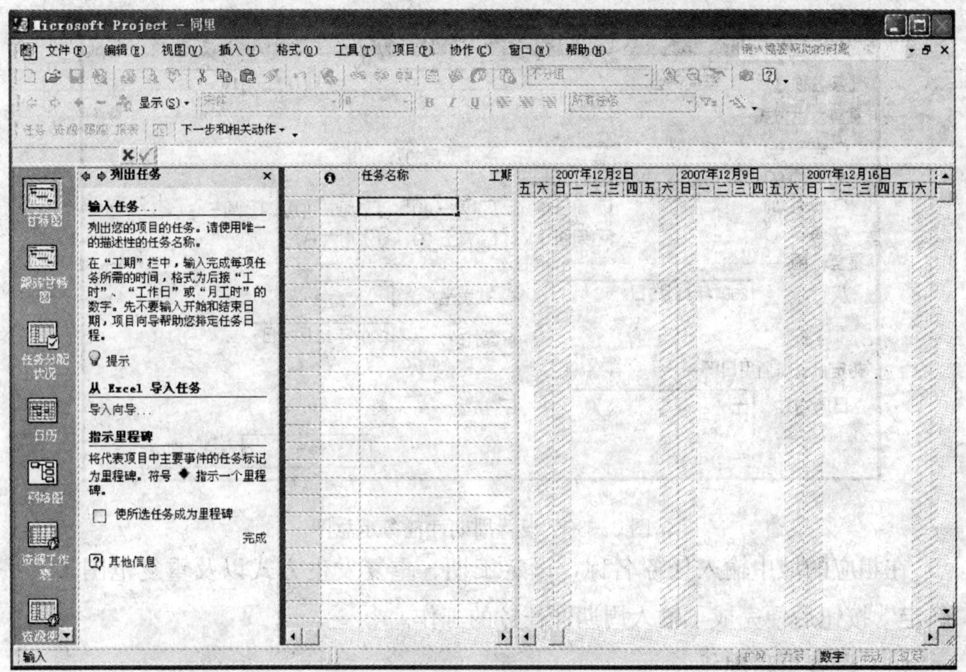

图 3—28　列出项目任务示意图

任务 资源 跟踪 报表　下一步和相关动作

列出任务

输入任务...

列出您的项目的任务。请使用唯一的描述性的任务名称。

在“工期”栏中，输入完成每项任务所需的时间，格式为后接“工时”、“工作日”或“月工时”的数字。先不要输入开始和结束日期，项目向导帮助您排定任务日程。

提示

从 Excel 导入任务

导入向导...

指示里程碑

将代表项目中主要事件的任务标记为里程碑。符号 ◆ 指示一个里程碑。

使所选任务成为里程碑

完成

其他信息

	WBS	任务名称	工期	开始时间	完成时间	前置任务
1	1	**每周例会**	**41 工作日**	**2007年11月5日**	**2007年12月31日**	
11	2	网络课件《同里》	1 工作日?	2007年12月31日	2007年12月31日	
12	3	**每周总结例会**	**41 工作日**	**2007年11月2日**	**2007年12月28日**	
22	4		1 工作日?	2007年11月1日	2007年11月1日	
23	5	课件总体设计	1 工作日?	2007年11月1日	2007年11月1日	
24	6	课件目标设计	1 工作日?	2007年11月1日	2007年11月1日	
25	7	课件策略设计	1 工作日?	2007年11月1日	2007年11月1日	
26	8	课件环境设计	1 工作日?	2007年11月1日	2007年11月1日	
27	9	课件界面设计	1 工作日?	2007年11月1日	2007年11月1日	
28	10	课件设计评审	1 工作日?	2007年11月1日	2007年11月1日	
29	11	课件开发	1 工作日?	2007年11月1日	2007年11月1日	
30	12	课件脚本编写	1 工作日?	2007年11月1日	2007年11月1日	
31	13	课件素材制作	1 工作日?	2007年11月1日	2007年11月1日	
32	14	课件集成	1 工作日?	2007年11月1日	2007年11月1日	
33	15	课件系统测试	1 工作日?	2007年11月1日	2007年11月1日	
34	16	课件测试准备	1 工作日?	2007年11月1日	2007年11月1日	
35	17	测试计划制定	1 工作日?	2007年11月1日	2007年11月1日	
36	18	课件测试用例编写	1 工作日?	2007年11月1日	2007年11月1日	
37	19	课件集成测试	1 工作日?	2007年11月1日	2007年11月1日	
38	20	课件测试评估	1 工作日?	2007年11月1日	2007年11月1日	
39	21	课件发布与验收	1 工作日?	2007年11月1日	2007年11月1日	
40	22	课件产品发布	1 工作日?	2007年11月1日	2007年11月1日	
41	23	课件用户培训	1 工作日?	2007年11月1日	2007年11月1日	
42	24	课件验收评估	1 工作日?	2007年11月1日	2007年11月1日	
43	25	课件结项	1 工作日?	2007年11月1日	2007年11月1日	
44	26	课件结项申请	1 工作日?	2007年11月1日	2007年11月1日	
45	27	课件项目总结	1 工作日?	2007年11月1日	2007年11月1日	
46	28	课件结项评审	1 工作日?	2007年11月1日	2007年11月1日	

图 3—29　输入任务示意图

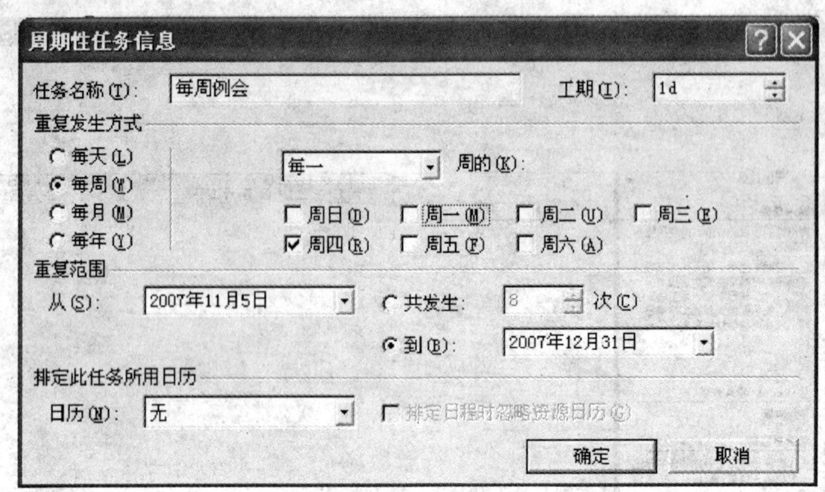

图 3—30　设置周期性任务示意图

在相应的域中输入任务名称，设定工期、重复发生方式以及重复范围等。按“确定”按钮后便完成了输入周期性任务的工作。

（4）设置里程碑任务

点击“插入”→“列”，在“域名称”中选择“里程碑”，将 WBS 表上的关键任务设为里程碑，如课件总体设计、课件开发、课件系统测试、课件发布与验收、课件结项等，如图 3—31 所示。

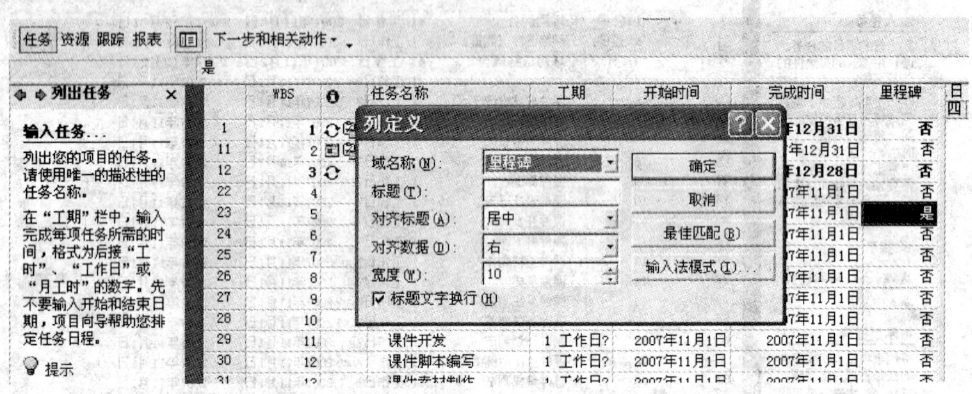

图 3—31　设置里程碑任务示意图

（5）建立大纲结构，反映任务之间的关系

在“任务向导”栏中，点击“将任务分成阶段”，出现“组织任务”窗口，通过此处的向导提示，建立摘要任务和子任务；然后用拖曳鼠标的方式选择其属于子任务的工作；按下“组织任务”窗口中的“降级”按钮➡，便会产生摘要任务与子任务之间的关系，如图 3—32 所示。

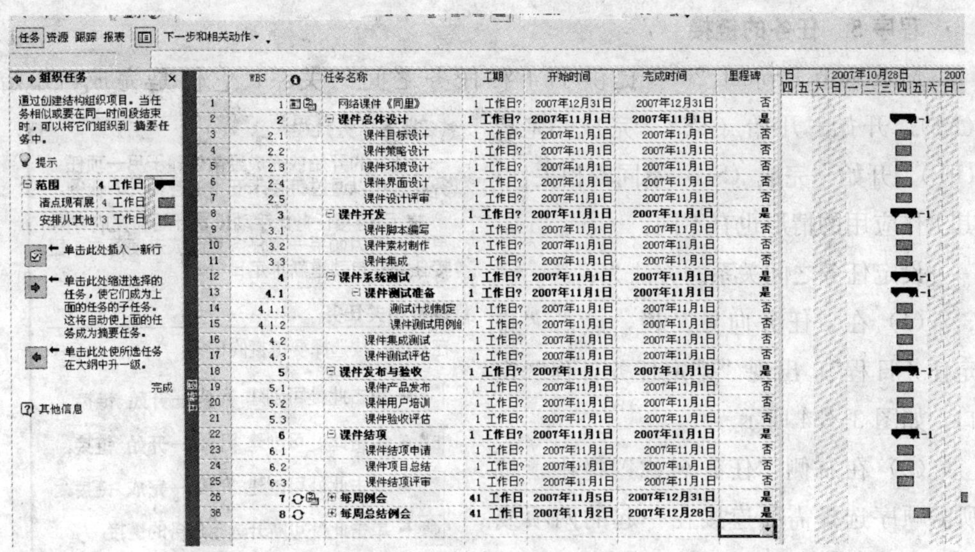

	WBS	任务名称	工期	开始时间	完成时间	里程碑
1	1	网络课件《同里》	1 工作日?	2007年12月31日	2007年12月31日	否
2	2	课件总体设计	1 工作日?	2007年11月1日	2007年11月1日	是
3	2.1	课件目标设计	1 工作日?	2007年11月1日	2007年11月1日	否
4	2.2	课件策略设计	1 工作日?	2007年11月1日	2007年11月1日	否
5	2.3	课件环境设计	1 工作日?	2007年11月1日	2007年11月1日	否
6	2.4	课件界面设计	1 工作日?	2007年11月1日	2007年11月1日	否
7	2.5	课件设计评审	1 工作日?	2007年11月1日	2007年11月1日	否
8	3	课件开发	1 工作日?	2007年11月1日	2007年11月1日	是
9	3.1	课件脚本编写	1 工作日?	2007年11月1日	2007年11月1日	否
10	3.2	课件素材制作	1 工作日?	2007年11月1日	2007年11月1日	否
11	3.3	课件集成	1 工作日?	2007年11月1日	2007年11月1日	否
12	4	课件系统测试	1 工作日?	2007年11月1日	2007年11月1日	是
13	4.1	课件测试准备	1 工作日?	2007年11月1日	2007年11月1日	是
14	4.1.1	测试计划制定	1 工作日?	2007年11月1日	2007年11月1日	否
15	4.1.2	课件测试用例编	1 工作日?	2007年11月1日	2007年11月1日	否
16	4.2	课件集成测试	1 工作日?	2007年11月1日	2007年11月1日	否
17	4.3	课件测试评估	1 工作日?	2007年11月1日	2007年11月1日	否
18	5	课件发布与验收	1 工作日?	2007年11月1日	2007年11月1日	是
19	5.1	课件产品发布	1 工作日?	2007年11月1日	2007年11月1日	否
20	5.2	课件用户培训	1 工作日?	2007年11月1日	2007年11月1日	否
21	5.3	课件验收评估	1 工作日?	2007年11月1日	2007年11月1日	否
22	6	课件结项	1 工作日?	2007年11月1日	2007年11月1日	是
23	6.1	课件结项申请	1 工作日?	2007年11月1日	2007年11月1日	否
24	6.2	课件项目总结	1 工作日?	2007年11月1日	2007年11月1日	否
25	6.3	课件结项评审	1 工作日?	2007年11月1日	2007年11月1日	否
26	7	每周例会	41 工作日	2007年11月5日	2007年12月31日	是
36	8	每周总结例会	41 工作日	2007年11月2日	2007年12月28日	是

图 3—32　设置任务关系示意图

程序 4　安排任务工期

按照项目进度表将各项任务的工期填入“工期”，在“开始时间”中填入各项任务的开始时间，如图 3—33 所示。

	WBS	任务名称	工期	开始时间	完成时间	里程碑
1	1	网络课件《同里》	1 工作日?	2007年12月31日	2007年12月31日	否
2	2	课件总体设计	3 工作日?	2007年11月1日	2007年11月5日	是
3	2.1	课件目标设计	1 工作日	2007年11月1日	2007年11月1日	否
4	2.2	课件策略设计	1 工作日?	2007年11月1日	2007年11月1日	否
5	2.3	课件环境设计	1 工作日?	2007年11月1日	2007年11月1日	否
6	2.4	课件界面设计	1 工作日?	2007年11月2日	2007年11月2日	否
7	2.5	课件设计评审	1 工作日?	2007年11月5日	2007年11月5日	否
8	3	课件开发	11 工作日	2007年11月5日	2007年11月19日	是
9	3.1	课件脚本编写	3 工作日	2007年11月5日	2007年11月7日	否
10	3.2	课件素材制作	6 工作日	2007年11月6日	2007年11月13日	否
11	3.3	课件集成	6 工作日	2007年11月12日	2007年11月19日	否
12	4	课件系统测试	8 工作日?	2007年11月20日	2007年11月29日	是
13	4.1	课件测试准备	4 工作日	2007年11月20日	2007年11月23日	是
14	4.1.1	测试计划制定	2 工作日	2007年11月20日	2007年11月21日	否
15	4.1.2	课件测试用例编	2 工作日	2007年11月22日	2007年11月23日	否
16	4.2	课件集成测试	3 工作日	2007年11月26日	2007年11月28日	否
17	4.3	课件测试评估	1 工作日?	2007年11月29日	2007年11月29日	否
18	5	课件发布与验收	4 工作日?	2007年11月30日	2007年12月5日	是
19	5.1	课件产品发布	1 工作日?	2007年11月30日	2007年11月30日	否
20	5.2	课件用户培训	2 工作日	2007年12月3日	2007年12月4日	否
21	5.3	课件验收评估	1 工作日?	2007年12月5日	2007年12月5日	否
22	6	课件结项	4 工作日?	2007年12月6日	2007年12月11日	是
23	6.1	课件结项申请	1 工作日?	2007年12月6日	2007年12月6日	否
24	6.2	课件项目总结	2 工作日	2007年12月7日	2007年12月10日	否
25	6.3	课件结项评审	1 工作日?	2007年12月11日	2007年12月11日	否
26	7	每周例会	41 工作日	2007年11月5日	2007年12月31日	是
36	8	每周总结例会	41 工作日	2007年11月2日	2007年12月28日	是

图 3—33　安排任务工期示意图

程序 5 任务的链接

Microsoft Project 2002 提供了 4 种任务之间的关系，它们是完成—开始（FS）、开始—开始（SS）、完成—完成（FF）、开始—完成（SF）不同的相关性，其工作应用的情形也有不同。

设定任务之间关系的方法为：

（1）在“任务向导”栏，点击“排定任务日程”，出现“排定任务日程”窗口，如图 3—34 所示。

排定任务日程

一项任务的开始或完成经常依赖于另一项任务。您可以通过链接来安排这些相关的任务。

提示 链接任务比手动设置开始和完成时间更好，因为如果一项任务更改或进度落后，链接任务能自动重新排定日程。

链接相关任务

在右侧，按选择要链接的任务：

← 单击此处可创建 **完成—开始** 链接。

← 单击此处可创建 **开始—开始** 链接。

← 单击此处可创建 **完成—完成** 链接。

← 单击此处可断开选定任务的链接。

完成

图 3—34 排定任务日程示意图

（2）在右侧“任务名称”栏中，按所需顺序选择需要连接在一起的两项或多项任务：选择不相邻的任务时，可以通过按住 Ctrl 键来逐个选择；选取相邻的任务，可以通过按住 Shift 键来一并选择（按住 Shift 不放，选中第一个任务后，再选择最后一个任务）。

（3）根据任务之间的关系，点击“排定任务日程”栏中的任务关系，完成任务关系的设定。

（4）重复上面的操作步骤，直到完成所有任务关系的设定，如图 3—35 所示。

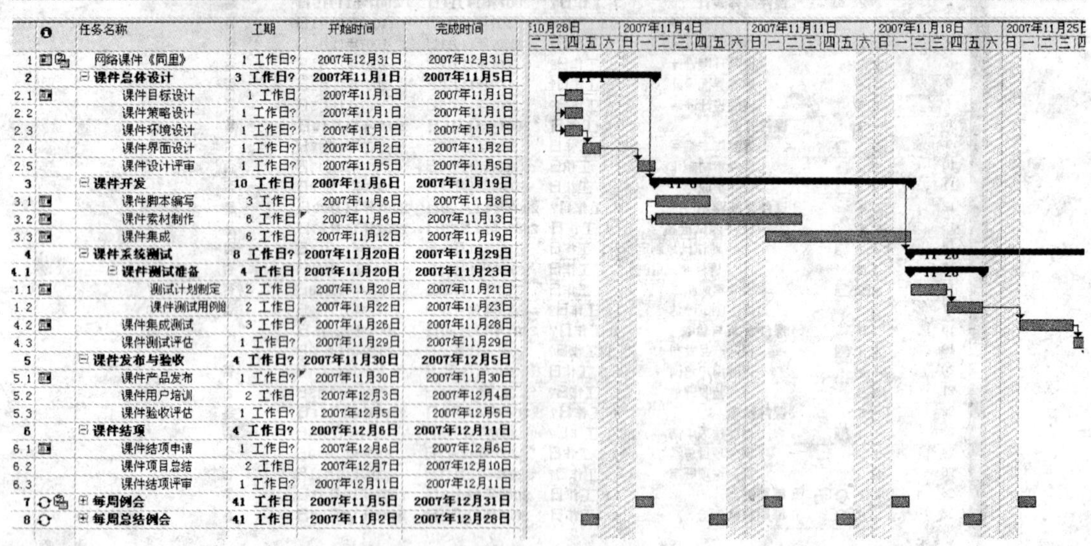

	任务名称	工期	开始时间	完成时间
1	网络课件《同里》	1 工作日?	2007年12月31日	2007年12月31日
2	**课件总体设计**	**3 工作日?**	**2007年11月1日**	**2007年11月5日**
2.1	课件目标设计	1 工作日	2007年11月1日	2007年11月1日
2.2	课件策略设计	1 工作日?	2007年11月1日	2007年11月1日
2.3	课件环境设计	1 工作日?	2007年11月1日	2007年11月1日
2.4	课件界面设计	1 工作日?	2007年11月2日	2007年11月2日
2.5	课件设计评审	1 工作日?	2007年11月5日	2007年11月5日
3	**课件开发**	**10 工作日**	**2007年11月6日**	**2007年11月19日**
3.1	课件脚本编写	3 工作日	2007年11月6日	2007年11月8日
3.2	课件素材制作	6 工作日	2007年11月6日	2007年11月13日
3.3	课件集成	6 工作日	2007年11月12日	2007年11月19日
4	**课件系统测试**	**8 工作日?**	**2007年11月20日**	**2007年11月29日**
4.1	**课件测试准备**	**4 工作日**	**2007年11月20日**	**2007年11月23日**
1.1	测试计划制定	2 工作日	2007年11月20日	2007年11月21日
1.2	课件测试用例	2 工作日	2007年11月22日	2007年11月23日
4.2	课件集成测试	3 工作日	2007年11月26日	2007年11月28日
4.3	课件测试评估	1 工作日?	2007年11月29日	2007年11月29日
5	**课件发布与验收**	**4 工作日?**	**2007年11月30日**	**2007年12月5日**
5.1	课件产品发布	1 工作日?	2007年11月30日	2007年11月30日
5.2	课件用户培训	2 工作日	2007年12月3日	2007年12月4日
5.3	课件验收评估	1 工作日?	2007年12月5日	2007年12月5日
6	**课件结项**	**4 工作日?**	**2007年12月6日**	**2007年12月11日**
6.1	课件结项申请	1 工作日?	2007年12月6日	2007年12月6日
6.2	课件项目总结	2 工作日	2007年12月7日	2007年12月10日
6.3	课件结项评审	1 工作日?	2007年12月11日	2007年12月11日
7	**每周例会**	**41 工作日**	**2007年11月5日**	**2007年12月31日**
8	**每周总结例会**	**41 工作日**	**2007年11月2日**	**2007年12月28日**

图 3—35 任务链接完成示意图

程序 6　项目工作分派与设定

在进行工作分配之前，首先需要设定这次项目中要用到的资源。

（1）在 Microsoft Project 2002 的“项目向导”工具栏中，如图 3—36 所示，点击“资源”图标，出现“资源向导”窗口。

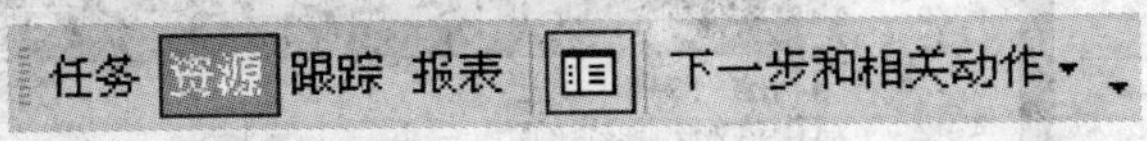

任务 资源 跟踪 报表 下一步和相关动作

图 3—36　“项目向导”工具栏示意图

（2）在“资源向导”窗口，点击“为项目指定人员和设备”，出现“指定资源”窗口，如图 3—37 所示，有 4 种选择方式。如果项目的参与人员，正好是 Microsoft OutLook 通讯簿中的成员，由于 Microsoft Project2002 已经很方便的自动集成了 Microsoft OutLook 通讯簿的所有内容，可以很方便的选择“从公司通讯簿中添加资源”。另外，还可以选择“从公司目录中添加资源”，读取 Microsoft Exchange Server 中的通讯名单。若是选择“手动输入资源”，就需要在右边的窗口中输入相应的项目所需资源信息，如图 3—38 所示。

图 3—37　为项目指定人员和设备示意图

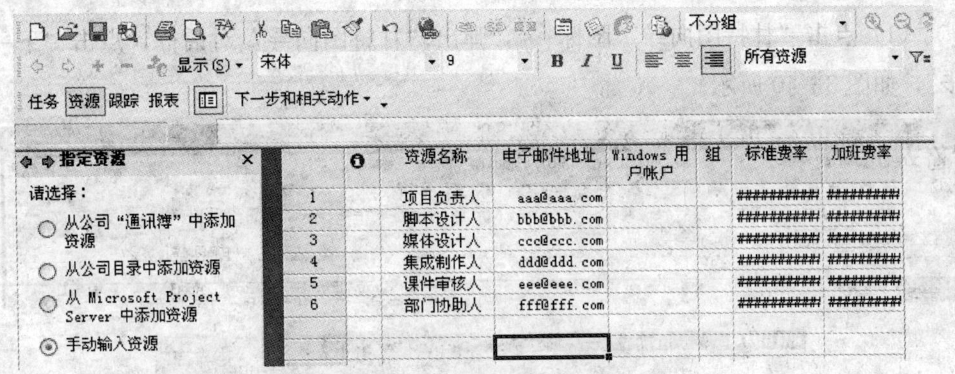

图 3—38　资源输入完成示意图

（3）将资源分配到任务中

1）在“资源向导”窗口中，点击“向任务分配人员和设备”，出现“分配资源”窗口。

2）在“分配资源”窗口中，点击“分配资源”，弹出“分配资源”对话框，如图 3—39 所示。

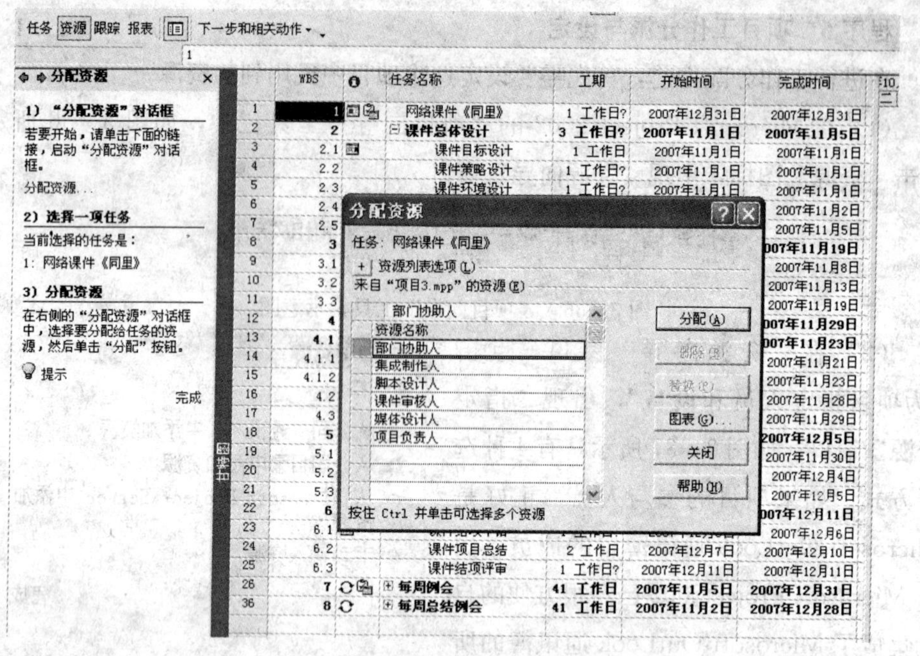

图 3—39　将资源分配到任务示意图

3）选择要进行分配的任务：按下“Ctrl”键配合着鼠标进行不连续的选择；利用鼠标拖曳则可以进行连续选择。按下“分配”按钮将资源分配到任务中。

程序 7　项目计划的优化

（1）点击“甘特图向导”图标，弹出“甘特图向导”对话框，点击“下一步”，如图 3—40 所示。

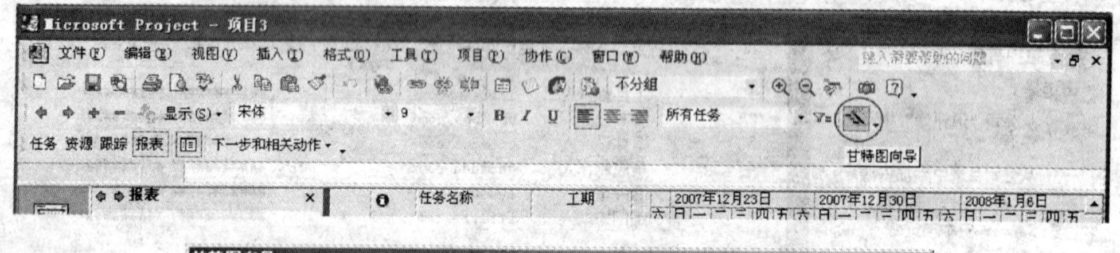

图 3—40　甘特图向导示意图

（2）选择要在甘特图中显示的信息，一般用到最多的是“关键路径”，如图 3—41 所示。

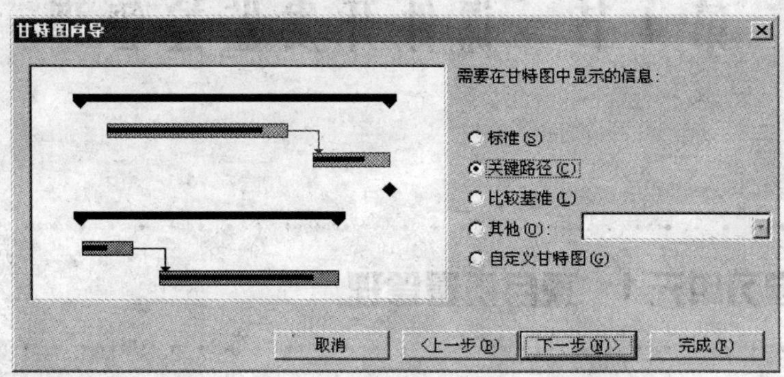

图 3—41　选择“关键路径”示意图

（3）点击“下一步”，设定要在甘特图中显示的任务信息，通常选择“资源与日期”，如图 3—42 所示。

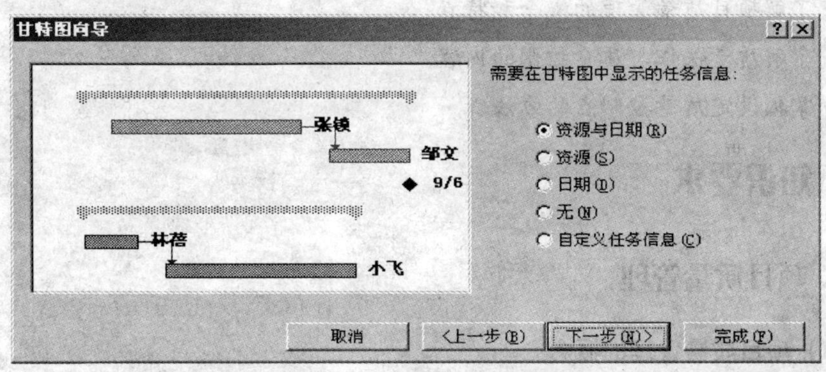

图 3—42　选择“资源与日期”示意图

（4）点击“完成”，如图 3—43 所示。

当点击“开始设置格式”，系统便会开始运作。

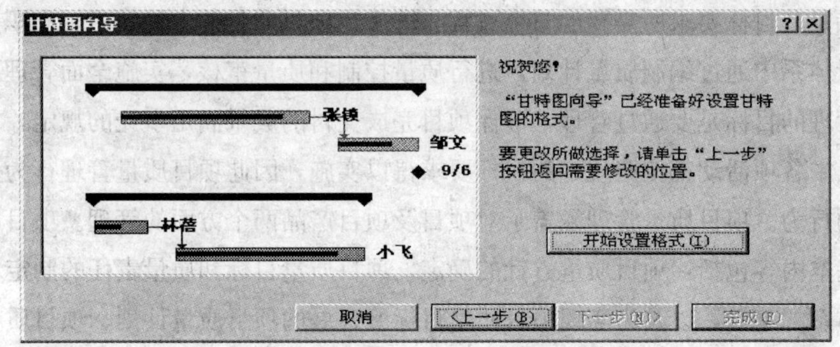

图 3—43　完成甘特图设置示意图

第 4 节　课件开发监控管理

学习单元 1　项目质量管理

学习目标

- 了解项目质量管理的概念和特点
- 了解质量保证与质量控制的内容
- 掌握设定质量控制点的方法

知识要求

1. 项目质量管理

(1) 项目质量管理的概念

项目质量管理是指为确保项目达到质量目标要求而开展的项目管理活动。它是指在一定技术、经济和社会条件下，在科学原理的基础上，运用先进的技术和方法，为实现甚至超越预期的项目质量目标而采取的活动。项目质量管理包括了保证项目满足其目标要求所需要的整个过程，即确定项目质量的方针、目标和职责，并在质量体系中通过编制质量计划，进行质量控制和质量审核，实施全面管理。项目质量管理的目标是要通过管理，确保项目完成交付的成果满足事先的规定，它是要使项目中各项活动都按照规定的目标要求得以实施，因此项目质量管理行为是一个系统的行为。项目质量管理涵盖了对项目及项目产品两个方面的管理。项目质量管理的基本内容包括：项目质量方针的确定，项目质量目标和质量责任的制定，项目质量体系的建立，以及为实现项目质量目标所开展的项目质量计划、项目质量控制和项目质量保障等一系列的项目质量管理工作。

现代项目管理认为，全面质量管理的思想也必须在项目质量管理中使用和贯彻。项目质量管理必须按照全团队成员都参加的模式开展质量管理（全员性），项目质量管理的工作内容必须是贯穿项目全过程（全程性），强调对项目所有活动和工作质量的管理（全要素性），管理过程中要做到程序化、标准化和规范化。

（2）课件项目质量管理的特点

网络课件质量是许多质量属性的综合体现，各种质量属性反映了网络课件质量的各方面。通过改善网络课件的各种质量属性，从而提高网络课件的整体质量。网络课件质量管理有以下三方面特点：

1）对开发文档的评审是产品检验的重要方式。由于网络课件是在计算机上执行的代码，必须有网络课件的安装、使用说明文档，所以开发过程中对文档资料的评审就构成了产品检验的重要内容。

2）通过技术手段保证质量。利用多种工具软件开展质量保证的各种工作，如用CVS软件进行配置管理和文档管理，用MR软件进行变更控制，用RATIONAL ROSE软件进行软件开发等。采用先进的系统分析方法和软件设计方法（OOA，OOD，软件复用等）来促进网络课件质量的提高。

3）缺陷预防是主要的质量控制手段。缺陷预防是分析过去遇到过的缺陷并采用响应的措施以避免这些类型的缺陷以后再次出现。这些缺陷可能在当前项目的早期阶段或任务中被确定，也可能是被其他项目所确定。缺陷预防活动也是项目间汲取教训的一种机制。规划缺陷预防活动，要找出并确定引起缺陷的通常原因，同时要对引起缺陷的通常原因划分优先级并系统地消除。

2. 项目质量计划、保证与质量控制

（1）项目质量计划

项目质量计划是指确定项目应该达到的质量标准和如何达到这些质量标准的工作计划与安排。项目质量管理是从对项目质量的计划安排开始的，是通过对项目质量计划的实施实现的。项目质量管理通过这一过程，努力控制和杜绝返工以及质量失败等消极后果的出现，最终使项目达到质量要求。通常项目质量计划包括以下内容：

1）想要达到的质量目标，包括项目总质量目标和具体目标。

2）质量管理工作流程，可以用流程图等形式展示。

3）在项目的各个不同阶段，职责、权限和资源的具体分配。

4）项目实施中需采用的具体的书面程序和指导书。

5）有关阶段适用的试验、检查、检验和评审大纲。

6）达到质量目标的测量方法。

7）随项目的进展而修改和完善质量计划的程序。

8）为达到项目质量目标必须采取的其他措施。

通过上述内容并结合网络课件项目的具体情况可知，网络课件项目质量管理计划至少要包含如下的内容：质量要素分析，质量目标，人员与职责，过程检查计划，技术评审计划，网络课件测试计划，缺陷跟踪工具，审批意见。

网络课件项目质量计划并不是仅仅与网络课件质量相关的。由于网络课件开发要求在规定的进度和花费内完成合乎质量要求的产品，所以网络课件项目质量计划必须要结合进度计划和预算开支进行综合考虑。

项目质量计划常采用以下指标：无缺陷比率、缺陷数/页、缺陷数/千代码行、缺陷比率、开发时间比率、估计与失效比率、复查比率、缺陷引入比率、缺陷去除比率、阶段成品率、过程成品率等。

（2）项目质量保证

项目质量保证是指在执行项目质量计划过程中，经常性地对整个项目质量计划执行情况所进行的评估、核查与改进的工作，这是一项确保项目质量计划能够得以执行和完成的工作，使项目质量能够最终满足项目质量要求的系统性工作。项目质量保证的目的是提供一种“信任”，要达到这个目的，项目实施者应该制定一套行之有效的质量控制方案，在项目实施的不同阶段进行目标验证，使用户相信完成后的项目能够达到预先规定的目标要求。项目质量保证应该包括正式活动和管理过程，即定期评价项目的全部性能，提供项目满足质量标准的证明，以确定该项目能满足相关的质量标准，通过这些活动和过程保证交付的产品和服务满足用户要求的质量层次。

为了保证项目的质量所需开展的项目质量保证工作主要有以下几个方面：

1）制定清晰的质量要求说明。没有清晰的质量要求说明，项目组织就无法开展项目来保证工作质量，也就没有项目质量保障的方向和目标。对于项目来说，质量保证的首要工作是提出项目的质量要求，既要有清晰的项目最终产品的质量要求，又要有清楚的项目中间产品的质量要求。

2）建立科学可靠的质量标准。项目质量保证的工作还需要进行科学可行的质量管理标准的设计，没有科学可靠的质量标准，意味着质量要求无法衡量、无法执行。质量标准的建立可以根据以往的经验或参考国家、地区、行业或其他项目的质量标准。

3）组织建设项目质量体系。这是项目管理保证中的组织工作。这一工作的目标是要建立和健全一个项目的质量体系，并通过这一质量体系去开展项目质量保证的各项活动。项目质量体系是项目质量管理的组织结构、工作程序、质量管理过程和各种资源所构成的一个整体。正因为质量体系是质量管理的基础，是质量管理工作的组织保证，一个项目组织只有建立有效的质量体系，才能够全面地开展项目质量管理活动。

4）配备合格和必要的资源。在项目质量保证中需要使用各种各样的资源，包括人、财、物等。因此，项目质量保证的另一项工作内容就是要为项目配备合格和必要的资源。

5）持续开展有计划的项目质量改进活动。项目质量改进是项目质量保证的核心工作，是一种持续改进与完善的项目组织活动，这包括对项目工作和项目产品的持续改进与完善，对项目实施作业与作业方法的持续改进与完善，以及对项目管理活动的持续改进和完善。

(3) 项目质量控制

1）项目质量控制的概念与任务。作为项目质量管理的一部分，项目质量控制适用于对组织任何质量的控制，不仅仅限于生产过程，还适用于产品的设计，生产原料的采购，服务的提供，市场营销、人力资源的配置，涉及组织内几乎所有的活动。质量控制的目的是保证质量，满足项目要求。为此，要解决要求是什么、如何实现（过程）、需要对哪些进行控制等问题。项目质量控制包括监控特定的项目成果，以判断他们是否符合有关的质量标准，并找出方法消除造成项目成果不令人满意的原因。项目质量控制应当贯穿于项目执行的全过程。项目成果包括生产成果（如阶段工作报告）和管理成果（如成本和进度的执行）。项目管理小组应当具备质量控制统计方面的实际操作知识，尤其是抽样调查和可行性调查，这可以帮助他们评估质量控制成果。项目质量控制应以项目成果、质量管理计划、操作性定义、审验单为依据。项目质量控制并不是一个静态的过程，它随着项目的动态变化而动态进行，所以在项目质量控制过程中，应该采取动态控制的方法和技术。

项目质量控制的主要任务包括：

①保证客户获得满足质量要求的工程成果。

②为项目经理管理的工程质量提供独立、公开的评价。

③及时发现和纠正工程项目在实施过程中出现的问题，以避免或减少这些问题带来的损失。

④掌握项目检查及试验记录等有关资料，以便证明项目是按有关规定、规程等进行的。

但是要注意，在项目的不同阶段，质量控制的重点也是不同的，主要有以下 3 点：

一是项目决策阶段的质量控制应该重点考察项目的可行性研究及项目决策，对可行性研究的考察应充分考虑项目的质量要求和标准是否符合项目所有者的意图，与项目环境是否协调。对项目决策的考察应充分考虑项目各个目标之间的关系，以保证项目达到要求的质量目标。

二是项目设计阶段的质量控制应该重点考察是否结合项目特点，将决策阶段确定的质量目标具体化；项目质量是否适应项目使用的要求；项目质量是否适应项目环境的要求；项目质量是否适应用户的要求。

三是项目实施阶段的质量控制应重点考察在此阶段形成的项目质量是否符合设计的要求。

2）项目质量控制点。项目质量控制点是产品在生产过程中需要着重控制和管理的内容，具体地说，是生产现场或服务现场在一定的期间内、一定的条件下对需要重点控制的质量特性、关键部位、薄弱环节，以及主导因素等采取特殊的管理措施和方法，实行强化管理，使工序处于良好控制状态，保证达到规定的质量要求。课件开发的质量控制点也就是在课件项目开发过程中需要着重控制管理的部分。项目质量控制点设置一般按以下步骤进行：

①在项目经理领导下，由项目技术负责人任组长，组建质量控制点小组。

②由质量控制点小组参照项目流程确定本项目中的质量控制点。

③编制质量控制文件

a. 按生产运作管理程序中特殊过程的界定等对确定的质量控制点进行技术交底，明确质量检验评定标准的要求，必要时，对重大的、较难控制的质量控制点编写控制细则。

b. 找出影响质量的关键因素，针对关键因素制定对策措施。

c. 找出项目质量的薄弱环节，制定对策措施。

d. 编制质量控制点明细表表格。

④建立管理制度

a. 建立业务学习制度，加深对控制点的理解与实施。

b. 建立自检、复检和专检制度，每月结合生产会进行检查，是否实施相应制度。

⑤实施

a. 学习有关质量控制点的文件、规章制度和必需的统计技术、过程控制基础知识，以进行质量改进。

b. 应定期指导质量控制点的有效实施，对质量控制点进行控制，并将实施情况向技术负责人反映。

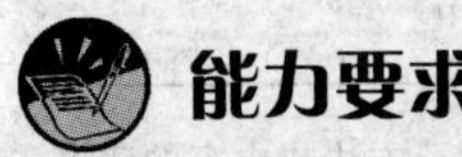

能力要求

《青春期的健康》网络课件开发过程中质量控制点的设定案例

工作程序

程序 1　确定课件开发中需要建立质量控制点的部分

(1) 确定关键工序

关键工序是直接影响课件质量的设计、开发、审核中的工序。在《青春期的健康》这个课件开发工程中，课件的总体设计、课件脚本设计是较为关键的工序，需要进行控制与管理。此外，课件的教育性也是直接影响课件质量的关键。

(2) 确定有特殊要求的或者反映课件产品主要质量特征的工序

《青春期的健康》是一门面向青少年的教育课程，其课件的形式必须是活泼、生动的，满足学习对象的学习要求。因此，本课程的特殊要求体现在网络课件的需求分析以及界面设计。

(3) 确定容易出现的质量问题和用户反映比较多的工序

在以往的开发过程，经常出现链接差错或者课件响应速度缓慢，这主要是因为软件集成出现了差错，软件测试又没有及时发现。所以，软件集成与测试应设立质量控制点。

程序 2　设置质量控制点的步骤

(1) 由项目负责人任组长组建质量控制点小组。小组成员一般由课件审核人、脚本设计人、媒体设计人、集成制作人组成。

(2) 由质量控制点小组确定本项目中的质量控制点。

(3) 编制质量控制文件，见表 3—15。

表 3—15　　网络课件《青春期的健康》的质量控制文件表

工序	控制点	指标	备注说明
需求分析	课程定位	有明确的学习对象和基础要求说明	声明课件的使用对象以及所需的基础知识

续表

<table>
<tr><th>工序</th><th>控制点</th><th>指标</th><th>备注说明</th></tr>
<tr><td rowspan="4">教学设计</td><td>学习目标</td><td>有明确的学习目标或教学基本要求</td><td>课件中有明确的学习目标或教学基本要求陈述（体现到章节）</td></tr>
<tr><td>学习向导</td><td>有必要的自学建议或指导</td><td>为自学者提供学习方法或内容的建议、帮助</td></tr>
<tr><td>组织结构</td><td>课件的知识组织结构符合本门课程的内在逻辑体系和学生的认识规律</td><td>组织结构是指根据学科知识体系所做的学习内容安排</td></tr>
<tr><td>学习评价</td><td>提供及时的评价与反馈</td><td>学习评价包括作业评价、在线练习反馈等，评价应该是及时、有效和可靠的</td></tr>
<tr><td rowspan="2">课件设计</td><td rowspan="2">教学交互</td><td>有超链接设计</td><td>利用超链接技术体现知识点及相关内容之间的联系，而不只是翻屏或翻页</td></tr>
<tr><td>人与人交互活动设计</td><td>课件中利用网络特性，设计有效的师生交互和生生交互的学习活动，包括专题讨论、网上协作、网上练习等</td></tr>
<tr><td rowspan="10">课件设计</td><td>导航</td><td>导航清晰、明确</td><td>通过导航，学习者能清楚了解知识内容结构以及功能模块</td></tr>
<tr><td>链接</td><td>链接准确，无死链</td><td>课件需要通过链接测试，如计算机程序测试或抽样测试</td></tr>
<tr><td>程序响应</td><td>呼应及时有效</td><td>课件程序对学习者操作要做出正确的反应，且响应时间可接受</td></tr>
<tr><td>定位（可选）</td><td>学习内定定位</td><td>学习者能迅速查找到知识点在知识体系中的位置及与其他知识点的关系</td></tr>
<tr><td>学习记录（可选）</td><td>学习过程记录及定位</td><td>课件提供学习过程跟踪记录的机制，学习者可以从前一次退出的地方开始新的学习</td></tr>
<tr><td rowspan="6">界面设计</td><td>页面的长度适中</td><td>一般不能超过 3 屏</td></tr>
<tr><td>页面元素布局合理</td><td rowspan="5">全局导航元素个数为 3～7 个。全局导航元素指总是出现在课件的主窗口中的导航标识，如回首页、向前翻页、向后翻页和帮助等</td></tr>
<tr><td>按统一的风格设计页面</td></tr>
<tr><td>色彩协调</td></tr>
<tr><td>教学内容、层次分明</td></tr>
<tr><td>全局导航设计合理</td></tr>
</table>

续表

工序	控制点	指标	备注说明
课件的集成与测试	插件	带有课件运行时所需的且现行浏览器中不支持的附加插件	课件在本地运行过程中遇到需要下载插件时，能提供自动下载
	可靠性	安装/卸载方法简便易用	不需要改写系统注册表
		课件运行出现意外中断，重新开始课件能正常运行	意外中断包括系统环境因素、人为因素（误操作和恶意破坏）和程序自身因素
	兼容性	课件可以跨平台使用	不依赖某一平台，通用性强
	安全性	学习者不能随意删除或添加数据	与老师重新调整组合内容的关系

程序 3　实施

（1）由课件审核人负责对各质量控制点进行检查和审核，发现问题做好记录，向项目负责人汇报。

（2）项目负责人联合课件审核人督促项目小组相应责任人对发现的问题进行修改，直至满足质量控制点中的要求。

（3）课件审核人对课件项目的审核不但贯穿于课件开发的各个阶段，在课件项目开发结束后还要进行最终的审核，以发现系统性上的问题，并联合项目负责人督促项目小组成员进行修改，直至达到要求。

学习单元 2　项目配置管理

学习目标

- 了解配置管理任务的内容
- 了解标识配置对象的概念
- 了解版本控制、系统建立、变更控制的概念
- 能够进行课件配置管理

知识要求

1. 配置管理的任务

配置管理常用于计算机软件项目开发之中，以下以网络课件项目的配置管理为例，阐述项目配置管理的重点。

网络课件配置管理是指通过执行版本控制、变更控制等规程，使用合适的配置管理网络课件，来保证所有配置项的完整性和可跟踪性。配置管理是对工作成果的一种有效保护。配置管理的主要任务包括以下几个方面：

（1）确定配置标识规则

识别产品的结构、产品的构件及其类型，为其分配唯一的标识符，并以某种形式提供对它们的存取。

（2）实施变更控制

通过建立产品基线，控制网络课件产品的发布和整个软件生命周期中网络课件产品的修改。它将解决哪些修改会在该产品的最新版本中实现的问题。

（3）报告配置状态

记录并报告构件的修改请求的状态，并收集关于产品构件的重要统计信息。它将解决修改这个错误会影响多少个文件的问题。

（4）进行配置审核

确认产品的完整性并维护构件间的一致性，即确保产品是一个严格定义的构件集合。它将解决目前发布的产品所用的文件的版本是否正确的问题。

（5）进行版本管理

对产品的生产进行优化管理。它将解决最新发布的产品应由哪些版本的文件和工具来生成的问题。

（6）制订网络课件配置管理计划

确保网络课件组织的规程、方针和软件周期得以正确贯彻执行。它将解决要交付给用户的产品是否经过测试和质量检查的问题。

（7）小组协作

控制开发统一产品的多个开发人员之间的协作。它将解决是否所有本地程序员所做的修改都已被加入到新版本的产品中的问题。

2. 标识配置对象

网络课件项目在开发过程中可能会产生很多技术文档、管理文档。技术性文档随着开发的进程，每个阶段都在变化，每个阶段都互相关联；而管理性文档如计划书、报告书、建议书、备忘录等，也有类似的变化和变更。凡是纳入配置管理范畴的工作成果统称为配置项（Configuration Item，CI），配置项主要包括属于产品组成部分的工作成果，例如源代码、需求文档、设计文档、测试用例等；还有在管理过程中产生的文档，例如各种计划、监控报告等，这些文档虽然不是产品的组成部分，但是值得保存。每个配置项的主要属性有名称、标识符、文件状态、版本、作者、日期等。所有配置项都被保存在配置库里，确保不会混淆、丢失。配置项及其历史记录反映了软件的演化过程。

标识配置项对项目配置而言是非常重要的，它是软件配置管理的基础性工作，是管理配置的前提。例如，网络课件项目中配置项标识的变更控制，就可以标明版本的变化规迹。

配置项命名是配置标识的重要工作。所谓标识，其实质就是区分，在众多的配置项中合理、科学地命名是最为有效的区分方法。为配置项命名时切忌任意和随机。命名的基本要求有以下两点：一是唯一性，在一个项目内不能出现重名，以避免混淆；二是可追溯性，这也是系统的要求，即名字应能体现相邻配置项之间的关系。

3. 版本控制

版本控制是全面实施网络课件配置管理的基础，可以保证软件技术状态的一致性。在网络课件开发的日常工作中，都或多或少地进行了版本控制的工作。

版本控制是对系统不同版本进行标识和跟踪的过程。版本标识的目的是便于对版本加以区分、跟踪和检索，以表明各个版本之间的关系。一个版本是网络课件系统的一个实例，可能在功能和性能上与其他版本有所不同，或是修正、补充前一版本的某些不足。实际上，对版本的控制就是对版本的各种操作控制，包括检入检出控制、版本的分支和合并、版本的历史记录和版本的发行。对于网络课件开发者而言，源代码是其最主要的智力成果，源代码也是最重要的资源和资产之一。

4. 系统建立

系统建立需制订网络课件配置管理计划，从而确保课件组织的规程、方针和课件周期得以正确贯彻执行。网络课件配置管理计划将解决要交付给用户的产品是否经过测试和质量检查的问题。

配置管理员根据本项目的特征，起草配置管理计划。配置管理计划的主要内容有人员与职责、软件硬件资源、配置项计划、基线计划、配置库备份计划、版本控制规则、变更控制规则及审批。

5. 变更控制

（1）变更控制的类型

变更控制是指对网络课件配置项的修改实施严格的控制。通常认为软件的变更包括两种不同的类型，即功能变更和错误修补变更：功能变更是为了增加、删除某些功能，或者为了改变完成某个功能的方法而需要的变更；错误修补变更则是为了修复漏洞需要进行的变更。

（2）变更控制的管理流程

一般来说，严格的变更控制的管理流程包括如下几个阶段：

1）提出变更请求。变更请求可以来自开发团体外部，例如网络课件系统的最终用户，或者开发团体内部，例如测试人员、系统工程师、设计人员或者开发人员。变更请求在绝大多数情况下，都要正式提交变更请求文档，并对这个变更进行编号、存档。

2）提交变更报告。由若干个小组成员组成一个变更评估小组，对变更请求进行评估，评价技术方面带来的受益、潜在的副作用以及对其他配置对象和系统功能的总体影响，然后提交一份正式报告备案。变更控制委员会如果通过该变更，就下达指令实施变更。

6. 配置审计

在配置管理流程中还有一项重要的工作是对配置进行审计，这是网络课件质量保证的重要手段。配置审计由质量保证部门完成，与技术复审会（负责评估变化正确性、潜在副作用、对其他配置影响）互补，共同完成质量保证工作。

配置审计的对象主要是网络课件配置项的变化信息，如网络课件配置项的创建时间、创建者、修改时间、修改内容、修改者等。统计和审计的类型包括 3 种：一种是功能配置审计，一种是物理配置审计，还有一种是配置验证审计。其中功能配置审计在项目原型阶段执行。

7. 配置状况报告（见图 3—44）

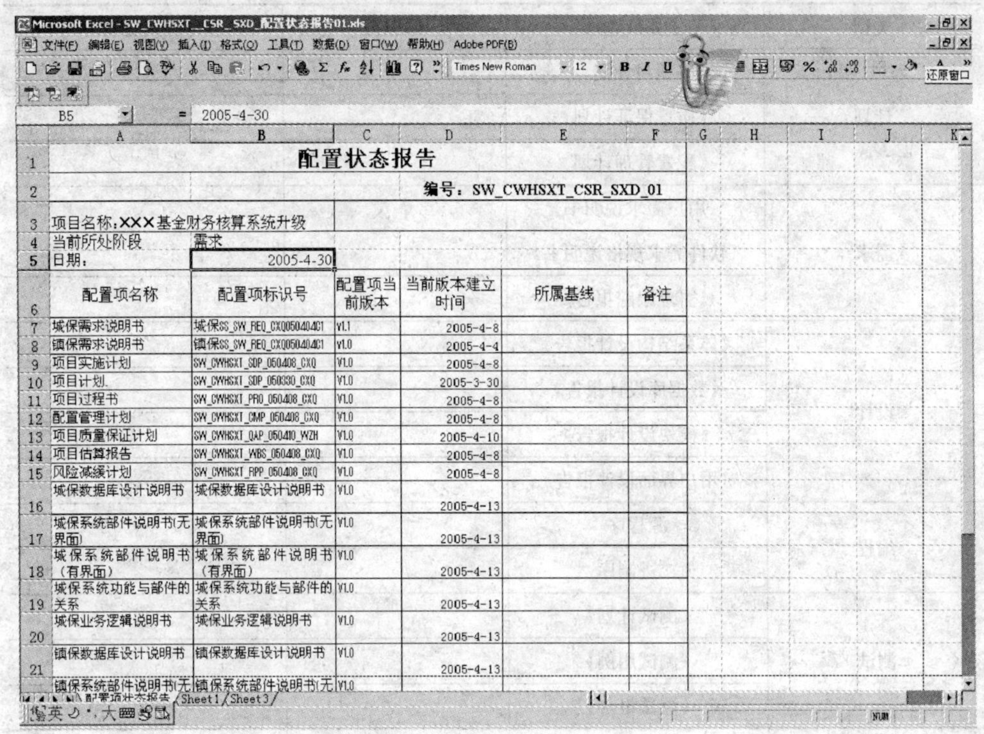

配置状态报告

编号：SW_CWHSXT_CSR_SXD_01

项目名称：XXX基金财务核算系统升级

当前所处阶段：需求

日期：2005-4-30

配置项名称	配置项标识号	配置项当前版本	当前版本建立时间	所属基线	备注
城保需求说明书	城保SS_SW_REQ_CXQ050404C1	V1.1	2005-4-8		
镇保需求说明书	镇保SS_SW_REQ_CXQ050404C1	V1.0	2005-4-4		
项目实施计划	SW_CWHSXT_SDP_050408_CXQ	V1.0	2005-4-8		
项目计划.	SW_CWHSXT_SDP_050330_CXQ	V1.0	2005-3-30		
项目过程书	SW_CWHSXT_PRO_050408_CXQ	V1.0	2005-4-8		
配置管理计划	SW_CWHSXT_CMP_050408_CXQ	V1.0	2005-4-8		
项目质量保证计划	SW_CWHSXT_QAP_050410_WZH	V1.0	2005-4-10		
项目估算报告	SW_CWHSXT_WBS_050408_CXQ	V1.0	2005-4-8		
风险减缓计划	SW_CWHSXT_RPP_050408_CXQ	V1.0	2005-4-8		
城保数据库设计说明书	城保数据库设计说明书	V1.0	2005-4-13		
城保系统部件说明书(无界面)	城保系统部件说明书(无界面)	V1.0	2005-4-13		
城保系统部件说明书（有界面）	城保系统部件说明书（有界面）	V1.0	2005-4-13		
城保系统功能与部件的关系	城保系统功能与部件的关系	V1.0	2005-4-13		
城保业务逻辑说明书	城保业务逻辑说明书	V1.0	2005-4-13		
镇保数据库设计说明书	镇保数据库设计说明书	V1.0	2005-4-13		
镇保系统部件说明书(无	镇保系统部件说明书(无	V1.0			

图 3—44　配置状况报告图

(1) 人员及职责（见表 3—16）

表 3—16　　人员及职责表

角色	人员	职责、工作范围
配置管理员	×××	(1) 制订《配置管理计划》 (2) 创建和维护配置库
审计负责人	×××	(1) 审批《配置管理计划》 (2) 审批重大的变更
审计成员	×××	审批某些配置项或基线的变更

(2) 用于配置管理的软硬件资源

1) 配置管理员确定本项目的配置管理软件。例如采用微软（Microsoft）公司的 Visual SourceSafe 或者 Rational 公司的 ClearCase。

2) 配置管理员根据所采用的配置管理软件，确定计算机资源（内存、外存、CPU 等）。

3）配置项计划。配置管理员标识配置项，估计每个配置项的正式发布时间，见表 3—17。标识符的参考格式为项目类型、项目编号。

表 3—17　　　　配置项计划表

类型	主要配置项	标识符	预计正式发表时间
计划	《项目计划》		
	《质量保证计划》		
	《配置管理计划》		
需求	《用户需求说明书》		
	《软件需求规格说明书》		
	《需求跟踪报告》		
设计	《体系结构设计报告》		
	《数据库设计报告》		
	《模块设计报告》		
	《用户界面设计报告》		
编程	源程序		
	二进制库		
测试	《测试计划》		
	《测试用例》		
	《测试报告》		
……			

能力要求

《青春期的健康》网络课件开发配置管理案例

工作程序

程序 1　根据《青春期的健康》任务分解表，确定配置对象

配置对象包括在项目开发过程中所产生的技术文档和管理文档等，如计划书、报告书等。

程序 2　确定配置标志规则

为上述配置对象分配唯一的标识符。例如计划类型的配置对象标识符号为 P，项目计划为 PP，基本原则是取英文第一个字母。

程序 3　版本控制

对系统不同版本进行标识和跟踪。例如，版次/修改：A/1，表示版本为 A 版，修改一次。

程序 4　建立系统，制定配置项目表（见表 3—18）

表 3—18　　配置项目表

类型	主要配置项	标识符	预计正式发表时间
计划	《项目计划》	P-PP（A/1）	11-07
	《质量保证计划》	P-QAP（B/0）	11-07
	《配置管理计划》	P-CMP（A/2）	11-08
需求	《用户需求说明书》	R-CDI（A/0）	11-06
	《软件需求规格说明书》	R-SRSI（B/0）	11-05
	《需求跟踪报告》	R-RFR（A/0）	11-05
设计	《体系结构设计报告》	D-SSDR（B/0）	11-06
	《数据库设计报告》	D-DBDR（A/0）	11-06
	《模块设计报告》	D-MDR（B/0）	11-06
	《用户界面设计报告》	D-CIDR（A/1）	11-06
编程	源程序	E-SP（A/0）	11-20
	二进制库	E-DB（A/2）	11-20
测试	《测试计划》	M-MP（A/0）	11-22
	《测试用例》	M-MC（B/0）	11-24
	《测试报告》	M-MR（A/0）	11-30

学习单元 3　项目风险管理

学习目标

➢ 了解风险的类别

➢ 了解风险识别的内容

➢ 了解风险管理活动的内容

➢ 能够进行课件开发风险管理识别

知识要求

1. 风险的类别

当项目有相关的损失或收益时，或涉及某种不确定性和某种选择时，都可称为有风险，但要注意，以上 3 条是风险定义的必要条件而不是充分条件。项目进行的过程中，会受到很多因素的影响，产生风险是非常自然的事，因此要尽量使风险产生的损失降至最低。将威胁化为机会，就需要实施项目风险管理。

项目风险的分类很多，可以按照风险后果分为纯粹风险和投机风险，可以按照风险来源分为自然风险和人为风险，还可以按照风险影响范围划分，或按照风险的可预测性划分等。软件项目风险是指软件开发过程中及软件产品本身可能造成的伤害或损失。软件项目风险包含两个特征：不确定性——表明风险的事件可能发生也可能不发生，没有 100％发生的风险；损失——如果风险变成了现实，就会产生恶性后果或损失。软件项目风险的类别主要有以下几种：

（1）项目规模风险

项目风险直接与项目的规模成正比，与软件规模相关的风险因素有估算产品规模的方法、程序或文件的数目、产品的用户数、应处理的数据规模、复用的软件数目等。

（2）需求风险

由于市场需求不断变化，如果缺少有效的需求变化管理，或对需求的变化缺少相关分析，那么它就会对软件项目的成功造成很大危险。

（3）管理风险

由于没有计划和任务定义不够充分，或没有实施合理的风险管理计划，就会使项目成功变得更加困难。

（4）技术风险

技术风险是指项目潜在的设计、实现、接口、验证和维护等方面的问题。

（5）商业风险

商业风险威胁到要开发软件的生存能力，常常会危害项目或产品。

2. 风险识别

风险识别包括确定风险的来源、风险产生的条件，描述其风险特征和确定风险。风险识别是试图系统化地确定对项目计划（估算、进度、资源分配）的威胁。通过识别已知和可预测的风险，项目管理者就有可能避免这些风险，并且在必要时控制这些风险。风险识别不是一次就可以完成的事，应当在项目自始至终定期进行。

风险识别的依据包括风险管理规划、项目规划（包括项目目标、任务、范围、进度计划、费用计划、利益相关者对项目的期望值等）、风险种类、历史资料、制约因素和假定。

软件项目风险识别的主要内容包括：

（1）确定风险的类型

每一类风险可以分为两种不同的类型，即一般性风险和特定产品的风险：一般性风险对每一个软件项目而言都是一个潜在的威胁；特定产品的风险只有那些对当前项目的技术、人员、及环境非常了解的专业人员才能识别出来。为了识别特定产品的风险，必须检查项目计划及软件范围说明，从而了解本项目中有什么特性可能会威胁到项目计划。

（2）标识风险

一般性风险和特定产品的风险都应该被系统化地标识出来。识别风险的一个方法是建立风险条目检查表。该检查表可以用来识别风险，并可以集中来识别下列常见子类型中已知的及可预测的风险：

1）产品规模——与要建造或要修改的软件的总体规模相关的风险。

2）商业影响——与管理或市场所加诸的约束相关的风险。

3）客户特性——与客户的素质以及开发者和客户定期通信的能力相关的风险。

4）过程定义——与软件过程被定义的程度以及它们被开发组织所遵守的程度相关的风险。

5）开发环境——与用以建造产品的工具的可用性及质量相关的风险。

6）建造的技术——与待开发软件的复杂性以及系统所包含技术的“新奇性”相关的风险。

7）人员数目及经验——因参与工作的软件工程师的总体技术水平所可能发生的风险。

3. 风险管理活动

项目风险管理就是风险被识别和量化后，组织必须制订一项应对风险的计划，对项目活动所涉及的风险实行有效的控制，采取主动行动，尽可能地处理风险所引起的不良后果，扩大风险事件的有利结果，可靠地实现项目的总目标。项目风险管理活动的主体是项目管理组织，特别是项目经理，项目管理组织应该主动采取行动，而不是在风险发生后被动的应付。制订一项应对风险的计划应该在调查和收集资料的基础上进行，计划应该包括界定扩大机会的步骤，制订处理对项目的成功构成威胁或风险的计划。风险应对计划制订过程的重要输出包括风险管理计划、应急计划和应急储备。应对风险的 3 项基本措施分别是风险规避、风险接受和风险减轻。

（1）风险规避

风险规避涉及根除某一具体的威胁或风险，通常采用根除其原因的方法。当然所有的风险都是不能根除的，但具体的风险事件可以。例如，一个团队可能会决定，在某一项目上继续使用一种特定的硬件或软件，原因是他们知道它能发挥作用。当然也有其他类似产品可以用于该项目，但如果团队对这些产品不熟悉，他们就可能会遇到巨大的风险，因此使用熟悉的硬件或软件根除了这一风险。

（2）风险接受

如果风险已经发生，就要接受其带来的后果。例如，一个项目团队在计划一个大型项目审查会议，如果某特定会议场所得不到批准，那么他们会使用一项应急或后备计划，来积极地应对风险；另一方面，他们也可能采取消极的态度，接受组织提供给他们的任何会议措施。

（3）风险减轻

风险减轻涉及通过减少风险事件发生概率来减轻风险的影响。例如，使用成熟的技术，招募胜任的项目管理人员，使用各种分析和验证技术，以及从分包商那里购买维修或服务等。

能力要求

如何做好课件开发风险管理识别

为网络课件《青春期的健康》的开发进行风险管理识别。

工作程序

程序 1　客户方分析

由于在开发项目的过程中很大程度上依赖于客户提供的资源，如果客户方没有按照业主规定的时间和要求提供资源并进行确认，都将可能造成项目的延期。

如果客户没有事先规划好课件的具体内容，提供给业主的资料不健全或不准确，导致在项目开发后期进行内容修改或框架性修改，都将大大增加项目的工作量，以至于造成项目的延期。

因此，必须首先让客户清楚本项目的开发流程，督促他们在开发中大力配合，并在合同中规定修改事宜，让客户事先规划好课程资源。

程序 2　项目组成员分析

在内容策划方面，由于依赖客户提供的资料，可能在项目过程中由于客户的拖延而造成脚本编写拖延。在开发过程中应让策划人员经常与客户负责人及课程负责人沟通，有必要采取主动形式去索取资料。

在媒体设计方面，由于本项目的工作量在媒体设计方面比较大，可能在项目时间紧凑的情况下会延误而造成项目延期，也有可能由于客户未提供素材而造成无法开展工作，这些方面都应尽量避免，并且由于三维的建模不真实，可能造成一定量的返工。

在集成方面，由于本项目集成的工作取决于前面两项内容，其风险性方面来看则完全依赖于他人工作的完成情况。

在硬件设施方面，应经常备份各种资料，以便避免硬盘故障带来的损失。

思　考　题

1. 请简要叙述项目成本估算的概念和基本方法。

2. 选择一个网络课件实例，运用所学过的知识，对其进行成本估算。

3. 请简要叙述项目团队建设的概念和内容。

4. 选择一个网络课件实例，运用所学过的知识，组建课件的开发团队，制定职责和项目沟通计划。

5. 请简要叙述项目任务分解的概念、作用及方法。

6. 选择一个网络课件实例，对其进行项目任务分解。

7. 请简要叙述项目进度的定义、图示及估算的方法。8. 选择一个网络课件实例，运用所学过的知识，为其开发编制项目进度表。

9. 选择一个网络课件实例，使用 Microsoft Project 2002 软件编制其项目计划。

10. 请简要叙述质量管理的特点、保证与质量控制。

11. 选择一个网络课件实例，运用所学过的知识，进行课件开发配置管理。

12. 请简要叙述项目风险的类别、如何识别及相应的管理活动。

第 4 章
课件评析

第 1 节　课 件 评 价

学习目标

- 了解课件评价的作用与种类
- 了解课件评价的基本原则
- 掌握课件评价的方法与过程
- 能够进行课件文档资料的编写与评价

知识要求

1. 课件评价的作用与种类

评价是指依据明确的目标，按照一定的标准，采用科学的方法，对评价对象的功能、品质、属性进行量化，并对量化结果作出价值性的判断。课件的评价是指以学习目标和信息技术要求为依据，采用科学的标准和方法，对课件的教学内容、教学设计、界面设计、技术性等方面进行评定量化，并对量化结果作出价值性的判断。

课件的评价应以促进课件应用为目标，以衡量其教学实效和软件质量为准则，以客观测试和主观评价相结合为基本方法来进行。

(1) 课件评价的作用

1）确定课件的质量等级。在开发课件的过程中，每一阶段都必须经过评价和修改才能进入下一阶段，课件生成之后，还要对它的有效性进行全面的整体评价，并区分出合格的课件以及课件的质量等级，然后才能出版发行或网络发布，推广使用。通过评价，得到认可的课件才被认为是合格的课件，才有可能在大范围内的教学实践中得到应用。

2）指导课件的开发。课件的开发是一项相当复杂的工作，涉及多方面的理论、知识和技术，需要有不同专业的人员参加。不同学科领域里的课件又有其自身的特点。因此，开发各领域中的有效课件，除了有共同的原则和方法外，更重要的是要有具体而生动的样板。由评价而得到的各种优秀的课件，可以起到进一步开发课件的示范作用。课件开发者可以从已得到认可的课件中得到启示，用成功的经验引导自己的课件开发；评价机构和组织可以利用评价过的课件，有意识地引导课件的开发，指导课件的开发方向。

3）提高课件的质量。课件评价是保证课件质量和设计水平的重要手段，以评价为中心的课件系统开发模式正受到越来越多的重视。对课件的评价，除了评定出合格的课件以及他们的质量等级外，还要指出被评课件的优点和不足，指出需要修改的地方，为进一步提高课件的质量，提供可靠的依据。

同时，课件评价本身对课件开发者也是一种压力和动力。课件开发者将评价标准作为开发课件的一个标准，力争通过评价，得到较高质量的等级，从而有效推动课件质量的提高。

(2) 课件评价的种类

1）根据评价的主体不同，可以将课件的评价分成正式评价和非正式评价两类。正式评价是由有关部门组织有关方面专家组成专门小组，经过严格程序对课件所进行的全面而科学的评价，该评价通常具有较高的权威性；非正式评价则是由个别或若干开发人员、教师或学校所进行的一般性的评价。在课件开发或者选择现有的课件时，涉及较多的是非正式的总结性评价；而正式的总结性评价就是人们通常所说的“成果鉴定”。

2）根据评价的目的不同，又可以将课件评价分为形式性评价和总结性评价。形式性评价是在课件开发过程当中所进行的评价，旨在调试和修正软件制作，使之更加完善；总结性评价则是在课件开发结束之后所进行的评价，旨在对课件质量作出最终的判定。

①形成性评价。课件的开发不仅要考虑教学目标与内容，还要考虑教学方法、

教学策略、内容顺序、学习环境、学习资源等问题，以及程序结构、开发工具的使用等开发方面的问题。课件的形成性评价就是在设计、开发过程中收集各方面的数据，做出分析判断，向课件开发者提供反馈信息，帮助他们改进和完善设计与开发工作，以取得价值较高的课件。这种贯穿于整个课件开发过程中的评价工作，很重要的一点就是能发现问题并及时解决，保证了课件设计与开发工作的顺利发展。一般大型的课件开发计划都需要规定自己的形成性评价机制。

与课件设计开发总体流程的内容分析、总体设计、内容设计、脚本设计、开发制作、测试评价和修改等各阶段相对应，对课件的形成性评价也随之分为如下几个阶段进行：

➢分析阶段。分析阶段主要关心学习者情况、学习目标、学习环境、学习模式等问题。

➢设计阶段。设计阶段主要关心课件构架、内容导航、学习策略、学习评价、媒体的选择及界面设计等问题。

➢脚本编写阶段。脚本编写阶段主要关心课件具体内容的详细设计是否符合学习者学习的要求、能否很好的实现等问题。

➢实现阶段。实现阶段要评价课件脚本的学习方案是否真正实现。

➢优化阶段。优化阶段关心的问题与实现阶段一致，但更偏向于语言艺术、图形质量、述评的一致性，以及其他属于艺术和技巧方面的一些问题。

②总结性评价。总结性评价是在课件开发过程结束后，通过课件之间的比较，或者课件与某种标准之比较，对课件价值做出判断并划分等级，帮助人们做出有关课件的选择与推广应用的各种决策（用或不用的策略、价格、产量、应用面等）。总结性评价有评比和评审两种方法：

➢评比。评比是将几种课件从反映教育价值的内容、策略、顺序、效果等几个方面进行比较，进行分析综合，并判断它们等级上的差别和评定其先后名次，这是一种相对性的评比方法。

➢评审。评审是将一个课件与某个标准相比较，判断其教育价值和等级，审查一个课件是否达到应有的标准因而可以发布与推广应用。评审是一种绝对评价方式。

除了以上的评价分类以外，还可以从其他不同的角度对课件评价进行分类。例如，根据评价实施的时期和目的，将课件评价分为诊断性评价、形成性评价和总结性评价；根据评价的对照标准，将课件评价分为比较性评价、常模参照性评价和目标参照性评价；根据评价的分析方法，将课件评价分为定量评价和定性评价；根据评价的主体，将课件评价分为专家评价和学生试用评价等。

2. 课件评价的基本原则

（1）科学性与导向性原则

科学性与导向性是指所建立的指标和标准必须能完整地反映教育价值的本质属性，反映教学的目标和客观规律，课件要能够抓住影响和制约教学的关键性因素，评价指标要与教学的总目标一致。

（2）完备性与独立性原则

完备性与独立性是指评价指标体系中的指标要全面反映教学目标和教学管理目标，不遗漏任何一项重要的指标，各项指标之间应具有相对的独立性以便于测量和评价，保证评价结果的准确性。

（3）发展性与整体性原则

客观事物是一个不断运动发展变化的、有机联系的整体，因此课件评价指标的建立应当符合课件发展趋势并与课件整体相协调。

（4）可操作性与可测性原则

可操作性与可测性是指课件评价的指标必须是一些具体化的目标，既可以通过实际的观察、测量、评定等方式进行度量，又便于在实际的评价过程中进行操作。

（5）可行性与可比性原则

可行性与可比性要求设计的指标不仅要内容和形式较为简化，通俗易懂，便于操作，为评价者和评价对象双方都能接受，而且还要求采用这些指标和标准进行评价以后所得到的评定结果可以进行比较。

在上述诸项原则中，最为主要的课件评价原则是完备性、科学性与可操作性。

3. 课件评价的方法与过程

（1）课件评价的方法

1）观察分析法。由若干名专家组成评审小组，通过听取课件开发者关于课件开发过程情况的介绍，阅读课件的功能说明、使用说明及系统分析说明书、模块说明书、教学单元流程图等文档，形成对课件质量的初步看法；然后观察课件的试运行情况，评审人员按照预先制定的课件评价表中的项目和要求写出评审意见；最后，对每个评审人员填写表格中的各种信息进行分析处理，得出课件的最后评价意见。在评价过程中，为了使课件的试运行更接近学生使用的实际情况，并了解学生在使用时的具体反应，可以组织一定数量的学生用指定的课件进行学习，评审人员从课件运行和学生的学习反应等诸方面对课件评价表进行填写。

2）实验对比法。将学生分成程度、水平相当，人数相等的两组，一组按常规课堂教学对有关内容进行讲授，另一组使用课件，以网络化学习方法进行学习。为了比较学习的效果，应在学习过程中设置若干个测试点，通过这些测试点对二组学生学习效果进行比较，做出对课件的教学功能、教学效果的评价。

与观察分析法相比，实验对比法可以避免评审时的主观因素，可依据课件的教学水平、教学功能和教学效果进行客观定量的评价。从课件的学习效果出发对课件进行评价具有较好的客观性。它同时包含了对课件学习环境的评价，因为学习者学习效果不仅与具体的课件有直接关系，而且也与其他因素（如网络环境、硬件的功能等）有关。但这种方法需要动用较大量的人力、物力、财力，需要较长的试验时间，因此适合于深入评价某个课件时使用。

（2）课件评价的过程

1）申报阶段。课件开发者应对需要评审的课件进行申报，对课件进行填表描述，说明课件的类型、教学目的、硬件需求、附属文件等事项。

2）筛选阶段。对参加评价的课件进行预审，剔除那些明显质量低劣的课件。

3）评审阶段。邀请有丰富经验的教师、教育心理专家、程序设计专家等组成评审组，就课件的教育功能性、可用性、技术性等方面进行评议，每人将自己的意见填写在评审表中。评审表的多数项目采用评级记分的形式，也有要求写出陈述意见的项目。最后，把评审表收集起来，就课件的质量得出综合性评价。

4）综合阶段。对于那些准备投入大规模教学应用的课件，还需要通过对比实验，进行综合分析，来鉴定课件的教学效果。

4. 课件文档资料的编写与评价

为了能让评审者和课件使用者顺利地使用课件，课件开发者必须用自然语言编写出程序使用方法的文字资料。这种文字资料就是课件作品的文档资料，或称为支持文档。课件的文档资料一般包括用户手册和操作手册两种，比较简单的课件也可以将用户手册和操作手册合成一体，构成使用说明书。在课件评价和发布时，课件开发者必须向评委和用户提供课件的使用说明书。使用说明书可由课件简介和操作说明两部分组成。

(1) 课件简介

课件简介主要是为了让使用者了解课件的适用范围和使用对象，课件所具有的功能，课件运行所需要的软、硬件环境，以及说明书中的术语，所需阅读的参考资料等。

简介部分应包括如下 6 部分内容：

1）课件的名称、开发者、适用范围及使用对象、载体形式和数量。

2）说明该课件所具有的各项功能。

3）该课件所要求的硬件支持环境是什么，例如机型、内存容量、外设配置等。

4）运行该课件所需要的系统软件名称及其版本号。

5）安装该课件的方法和步骤。

6）说明书中的术语的定义或解释；阅读说明书所需要参阅的参考资料及资料来源。

(2) 操作说明

说明课件运行的具体过程和操作方法。它由如下 5 个部分的内容组成：

1）课件启动方法和初始化过程，包括全部操作命令，系统对这些命令的反应和答复。

2）课件全部功能项，详细说明每项功能的操作步骤和操作命令。

3）输入数据及参量的格式，例如语法规则、有关的约定、长度、顺序、标点、省略、控制信息等，并应列举出若干项实例加以说明。

4）对输出信息给以必要的解释，并举出若干项实例。

5）说明课件在运行过程中可能出错的信息及其含义，并给出纠正的方法。

在编写时，简介部分的 6 项内容和操作方法部分的 5 项内容并非都要逐一列出，没有的内容可以略去不写。一般来讲，供教师使用的说明书应详细些，还应列出课件的目标和内容，学生应具备的预备知识等。有的课件的支持文件除使用说明书外，还应附有维护说明以及课件运行出现问题时的处理方法。

能力要求

对《音乐欣赏》课件进行评价

《音乐欣赏》课件是针对中等职业学校学生而开发的文化基础选修课程。该课件已完成前期设计，包括学习需求与对象分析、学习目标与内容分析、课件模式分析及课件结构分析；课件开发者还提交了该课件的开发管理计划，如开发团队的组建、项目进度计划和监控管理计划等。在进入课件开发的实施阶段前，为保证开发按目标进行，课件权利人组织了对该课件的评价活动。

工作程序

程序 1 评价准备

（1）确定此次评价的性质及方法

此次评价活动发生在课件制作过程中，是为了保证课件开发工作的顺利实施，避免前期的设计错误影响后期开发，所以此评价属于形成性评价。

评价采取观察分析方法。由若干名专家组成评审小组，通过听取课件开发者关于课件开发过程情况的介绍，阅读课件的相关说明，形成对课件质量的初步看法；然后按照预先制定的课件评价表中的项目和要求写出评审意见。

（2）确定评价内容，设计评价表

本次评价主要评价内容有系统构架、内容导航、学习策略、学习评价、媒体的选择及界面设计等问题。根据主要评价内容细化指标，形成初步评价表，通过试运行、专家审核的方式最终确定评价表。

（3）确定评价人员

评价人员包括教育心理专家、网络教学设计专家、专业课教师和计算机科学与应用专家等。

（4）准备评审材料

为了能让评审者快速了解课件，课件开发者用自然语言编写出程序的使用方法的文字资料，以及准备分析阶段和设计阶段所有形成的材料。

程序 2 评价实施

确定具体时间地点，安排专家评审，评审专家按照评价表格给出评价意见。

程序 3 评价总结

总结评审意见，对需要改进的部分形成修改方案，并将意见与课件开发者进行反馈与交流，以达到正确理解与意见一致的效果。保存所有评价过程中形成的文件及记录。

第 2 节　课件评价指标与分析

学习目标

➢ 了解网络课件评价指标

➢ 了解国内外常用的课件评价参考标准

➢ 能够对课件进行正确评价并编写课件修改意见

知识要求

1. 课件评价指标

评价指标即评价目标的具体化。目前国内外用于课件评价的指标体系很多，内容上也有所差异，但是其主要指标还是大致相同的。

(1) 课件评价的考虑

1）从教学方面考虑。一是课件的教学目的要明确，符合教学大纲或课程标准；二是教学内容要精练，要吸收与课程相关的新知识、新成果，概念准确，逻辑严密，论证有力，内容充实丰富，具有思想性和科学性，突出重点和难点；三是教学方法要注意启发思维，能指导学习者学习，培养学习者的学习能力和兴趣，激发学习者的求知欲，恰当运用实例，提供质量较高的习题及各种解题法。

2）从学习心理方面考虑。课件内容与结构的设计要符合学习者的认知规律，符合学习者信息加工的心理过程，确保学习内容编排由已知到未知、由简单到复杂。

3）从技术方面考虑。在课件中，多媒体素材的采集技术方法会直接影响课件的容量、质量和适用环境。因此，应当根据用户的要求，对课件的技术方法进行评价。从技术方面还应考虑课件的可靠性程度，即评价课件的平均无故障率是否较低，容错性是否强，性能是否较稳定。

4）从硬件需求方面考虑。对课件的评价还需要考察课件本身对硬件平台的要求，相对而言，同等条件下对硬件要求低的多媒体课件较好。

5）从用户界面方面考虑。科学、美观、简洁、新颖、友好的课件用户界面，对提高学习者兴趣，提高学习效率与质量，具有非常重要的作用。

6）从所提供的文档资料方面考虑。文档资料也是课件的一个重要组成部分，它在课件维护和应用中起着程序本身无法实现的作用。文档资料应该齐全完整，使用的文字、术语应该规范，内容表述要清楚。

（2）主要评价指标描述

1）科学性。课件评价的科学性指标主要指描述概念科学、问题表述准确、引用资料正确，以及认知逻辑合理。

2）教育性。课件评价的教育性指标主要指课件的直观性、趣味性、新颖性、启发性、针对性和创新性等方面。

3）技术性。课件评价的技术性指标主要考虑课件的多媒体效果、交互性、稳定性、易操作性、可移植性、易维护性、合理性和实用性等内容。

4）艺术性。课件评价的艺术性指标主要考虑课件的画面艺术、语言文字、声音效果等方面的内容。

5）使用性。课件评价的使用性指标主要是评价课件界面是否友好，是否易用好用。

（3）具体细化评价指标（见表 4—1）

表 4—1　　具体细化评价指标

细化指标	要　求
科学性指标	课件取材适宜，逻辑严谨，层次清楚
	学习内容科学、正确、规范
	课件中引用的资料正确，举例合情合理、准确真实
	场景设置、素材选取、名词术语、操作示范符合有关规定，符合现代教育理念
教育性指标	符合教育方针、政策，紧扣教学大纲
	突出重点，分散难点，深入浅出，易于接受
	制作直观、形象，设计新颖，有利于调动学生学习的积极性和主动性
	注意启发，促进思维，培养能力
	选题恰当，内容完整，作业典型，例题、练习量适当，善于引导，适应教学对象需要
	支持合作学习、自主学习或探究式学习模式
技术性指标	课件恰当运用了多媒体效果，图像、动画、声音、文字设计合理
	课件的交互性设计合理，智能性好
	课件在调试、运行过程中不出现故障
	软件类型选择恰当，移植方便，能在不同配置的机器上正常运行

续表

细化指标	要　求
技术性指标	课件可以被方便地更新
	画面清晰，动画连续，色彩逼真，文字醒目
	配音标准，音量适当，快慢适度
艺术性指标	画面制作整体标准相对统一
	创意新颖，构思巧妙，节奏合理
	画面简洁，声音悦耳
使用性指标	界面友好，操作简单、灵活
	容错能力强
	文档齐备

2. 国外常用的课件评价参考标准

(1) 美国软件行业协会的课件评价体系

表 4—2 是美国软件行业协会提出的课件评价表，是一个以软件工程质量为基础的课件评价指标体系。

表 4—2　　美国软件行业协会的课件评价表

测试项目		评价等级
使用方便性	系统引导清晰 使用操作简易 提示完整明白 学习内容可供选择	
出错处理	操作规程错误处理 练习答案错误处理 出错后提示易于理解	
可靠性	系统存储安全性 交互操作可靠性 系统运行可靠性	
屏幕质量	图形质量 字符种数与质量 动画效果 色彩效果	
软件质量	运行速度 模块调度灵活 内容可扩展性 软件技术应用水平	

续表

测试项目		评价等级
内容生动性	内容叙述 教学实例 实践环节 模拟逼真性	
教育价值	适用对象广泛性 教学内容广度 教学内容实用性 教育模式丰富性 教学环节综合性	
环境要求	系统要求 兼容性	
综合评价		
备注		

（2）Micro SIFT 课件评价体系

Micro SIFT 课件评价体系是美国建立评价指标较早的机构，即西北地区教育实验室的交流机构 Micro SIFT（教师用微机软件及资料）提出的一个较有影响的课件评价表（见表 4—3）。

表 4—3　Micro SIFT 课件评价体系

标题：	作者：	评价者：	日期：
○曾观察过学生运行该课件			
等级：SA—强烈同意　A—同意　D—不同意　SD—强烈反对　NA—没主意			
重要性：H—高　L—低			
内容	内容精确	H　L	SA　A　D　SD　NA
	内容有教育价值	H　L	SA　A　D　SD　NA
	内容无种族、性别等歧视	H　L	SA　A　D　SD　NA
教学质量	目标确定良好	H　L	SA　A　D　SD　NA
	确定的目标已能达到	H　L	SA　A　D　SD　NA
	内容呈现清晰、合乎逻辑	H　L	SA　A　D　SD　NA
	对于预计的学生难度是适当的	H　L	SA　A　D　SD　NA
	图像/彩色/声音运用适当	H　L	SA　A　D　SD　NA
	课件的应用有激励动机的作用	H　L	SA　A　D　SD　NA

续表

教学质量	有效地鼓励了学生创造能力	H　L	SA　A　D　SD　NA
	对学生回答的反馈有效	H　L	SA　A　D　SD　NA
	学生控制了呈现的速度与顺序	H　L	SA　A　D　SD　NA
	教学符合学生过去的经验	H　L	SA　A　D　SD　NA
	学生在一定范围中有普遍性	H　L	SA　A　D　SD　NA
技术质量	补充的用户材料可以理解	H　L	SA　A　D　SD　NA
	补充的用户材料是有效的	H　L	SA　A　D　SD　NA
	信息显示是有效的	H　L	SA　A　D　SD　NA
	所针对的用户能独立方便地使用它	H　L	SA　A　D　SD　NA
	教师能方便地应用课件	H　L	SA　A　D　SD　NA
	程序适当发挥了计算机能力	H　L	SA　A　D　SD　NA
	在正常情况下程序是可靠的	H　L	SA　A　D　SD　NA

• 质量

写出一个从 1（低）到 5（高）的数表示对每部分质量的评价

__________内容部分

__________教学特征

__________技术特征

• 推荐

○我高度推荐它

○我将使用和推荐它，不需要修改

○我将使用或推荐它，但是需要作相当的修改

（弱点与理由________）

○我将不使用、不推荐它

（弱点与理由________）

描述该课件在课堂中的潜在作用：

估计一个学生为达到学习目标所需要工作的时间量：

（可以为总时间、每天时间、时间周期或其他）

描述该课件的主要长处：

描述该课件的主要短处：

其他注解：

3. 国内常用的课件评价参考标准

（1）中华学习机教育软件评审标准

《中华学习机教育软件评审标准及其说明》（见表 4—4）所列的教育软件评审标准可供课件评价参考。

表 4—4　　中华学习机教育软件评审标准及其说明

标准	说　明
功能性 （50 分）	（1）教育目标适当，达到预定教育目标的程度 （2）符合科学性要求 （3）符合教学规律和因材施教原则 （4）体现计算机特点，能取得其他教学方法（手段）所无法取得的效果 （5）有利于激发学生的学习兴趣和主动性、积极性，并有利于培养学生的能力
可靠性 （10 分）	（1）程序足够健壮，不受误操作的影响。指定键之外的键都进行了封锁；用户误操作不会影响程序的运行，并给予提示，提醒用户正确地操作 （2）不受学习者错误回答的干扰。允许回答问题时自由输入数据，并能判断正确与错误的答案；能对答案作分析处理，使用户可以检查、校对自己的答案
使用方便性 （20 分）	（1）用户操作简单易学。课件要方便安装和卸载，窗口、菜单的设计要风格一致，使用户的操作尽量统一，一般应不需要太多的说明和帮助就可以使用课件。应设置适当的热键以方便操作 （2）教师调度灵活。能灵活地进入与退出教学过程；能任意选择某一章节进行教学；能控制学生机的操作，能将教师机的演示和操作步骤传送给指定的学生机，能控制画面或文字在屏幕上停留的时间 （3）学生控制灵活。能随意选择某一章节进行学习；随时中途退出，返回上级菜单或窗口 （4）屏幕提示含义清楚、表达准确、简单明了。提示一般应使用中文（英语教学软件除外），应出现在屏幕醒目的地方，但不能占用很大的面积。在用英语提示的软件中，不应有与汉语拼音同时出现的情况。尽可能有语音提示
程序设计技巧 （10 分）	（1）程序设计思想先进，应充分利用计算机系统的各种资源，调度合理 （2）应充分发挥多媒体教学的优势，综合利用文字、声音、图像等媒体信息，使用得当，配合协调 （3）画面要美观清晰；动画应与教学内容紧密配合，有较好的动态教学效果 （4）应对算法进行优化，使程序具有较高的效率，节省时间和空间的开销
课件商品化的程度 （10 分）	应有较高的商品化程度，有较详细的文档资料进行功能说明、安装使用说明，文字要通顺、易懂、准确。课件应有较好的包装，用光盘或软盘发行。要有方便的技术支持和联系地址
软件评审合格的标准为同时满足以下 3 个条件 （1）总分≥60 分 （2）功能性的“教学目标”≥8 分 （3）功能性的“科学性”≥8 分	

（2）我国中小学教育软件审查标准

《中小学教学软件审查标准及其说明》中，将课件评价的指标分为教学性要求、技术性要求、文档资料要求 3 个方面，由教学目标、教学内容、教学过程、程序运行、信息呈现、用户界面、文档资料完整性和文档资料规范性 8 项指标组成，具体见表 4—5。

表 4—5　　　　　　　　中小学教学软件（多媒体课件）评价标准

一级指标	二级指标	具体内容
教学性要求（55 分）	教学目标（15 分）	（1）教学软件的教学目标应在其文档中明确说明，指出教学软件的应用范围及期望学生获得的学习成果 （2）教学软件的教学目标应符合教学大纲（课件标准）的要求，适应教学的实际需要。对于扩大知识面、发展学生个性、特长方面的附加目标应有说明 （3）教学软件的教学目标应适合学生的年龄特点、认识规律和认知水平
	教学内容（20 分）	（1）思想健康，有利于学生身心发展，并结合教学内容进行思想政治教育和品德、意志、情感的培养 （2）无科学性错误，语言文字规范。教学内容及其表达方法符合学科的基本原理，引用的材料、数据符合事实 （3）教学内容的选取、表达和组织能体现预定的教学目标 （4）内容表达清楚、准确，难易程度适当。文字、图形、语言能清楚准确地表述教学内容，风格前后一致，有可读性和趣味性，问题提出、回答方式及反馈易为学生接受
	教学过程（20 分）	（1）教学过程所采用的教学方法应能有效地引导学生达到预定的教学目标，具有启发性 （2）教学过程应能体现计算机作为教学媒体的特点，如人机对话、用户调控教学过程、及时反馈、个别化学习等，能取得其他教学手段不易取得的文档效果 （3）符合教学原则，特别要重视直观性、量力性、发展性、巩固性、自觉性与积极性和因材施教等重要原则 （4）教学软件在应用过程中应有激励学生动机的机制，内容和表现形式要有吸引力
技术性要求（35 分）	程序运行（10 分）	（1）在正常条件下，教学软件能无故障运行，完成预定的整个教学活动 （2）有容错能力。当用户未按规定要求输入时，应有一定的抗干扰能力，并有良好的处理方法
	信息呈现（10 分）	（1）能合理运用文字、图形、声音、动画等媒体，其组织结构与呈现方式适合教学需要 （2）屏幕显示简洁美观；声音播放协调、适宜，不妨碍学习；视、听觉配合和谐，有美感
	用户界面（15 分）	（1）用户界面友好、通用，具有必要的帮助信息和对输入的及时反馈，输入、输出、提示、命令的设置形式合理、风格一致 （2）命令种类与数量不过多、过繁。操作方便、简单，易于掌握 （3）能方便灵活地控制软件的进入、运行、暂停和退出
文档资料要求（10 分）	文档资料完整性（5 分）	文档资料是教学软件产品的重要组成部分，在教学软件的发行、维护和应用中起着程序所不能起到的作用，因此文档资料应完整，不可缺少
	文档资料规范性（5 分）	文档编写应使用规范的文字、语言、图标，表达内容应清楚、无歧义，应采用可沟通的、便于理解的术语进行陈述

（3）远程职业教育资源建设第二批项目测评表

《远程职业教育资源建设第二批项目测评表》（见表 4—6）主要适用于网络课程，素材库项目可参照执行。

表 4—6　　远程职业教育资源建设第二批项目测评表

项目名称：　　承担单位：　　项目负责人：

指标分类	指标编号	指标名称	指标内涵或要求	分值	自评分
课件的易用性（10 分）	1	课件安装	安装过程简单。如果没有使用专用的数据源和运行在服务器端的专用控件，不必提供安装程序，否则必须提供安装程序。有安装程序的课件要提供卸载程序	1	
	2	易于使用	不需要操作者具有太多的计算机技能，学习者能在15 min左右熟悉课程的结构和导航体系、操作习惯及要求	2	
	3	在线的学习帮助	提供在线学习指导和帮助	1	
	4	易于导航	网页内容跳转灵活，学习者不易迷失当前的学习位置	2	
	5	运行稳定	学习者没有长时间的等待，无死机中断等现象	2	
	6	界面友好	界面具有较好的亲和力，在必要的时候会出现恰当提示	2	
学科内容（25 分）	7	语言的准确性	是否有语法、拼写、标点错误	1	
	8	语言的生动性	课件中对学科内容阐述的语言是否生动、易于理解，符合网络教学的特点	1	
	9	内容的科学性	是否有科学性错误	3	
	10	内容的丰富程度	课件内容是否足够丰富，以满足学科教学需要，是否完整涵盖了教学目标所涉及的内容	3	
	11	教学媒体多样化	是否运用了丰富的媒体素材，如图片、声音、动画、视频影像等	3	
	12	内容的适应性	教学内容是否既能面向全体学习者又能照顾学习者的个体差异；是否有针对不同学生的掌握程度的应对措施	2	
	13	内容的综合性	是否涉及与本学科相关的其他学科内容，即是否有较强的综合性	2	
	14	内容的趣味性	内容的设计是否考虑如何提高学习者学习兴趣	1	
	15	新课引入	是否包含新课引入及由兴趣引入	1	

续表

指标分类	指标编号	指标名称	指标内涵或要求	分值	自评分
学科内容（25 分）	16	内容的深度	是否有对学科内容的新思考，即知识的深化	2	
	17	参考资源	是否提供丰富的与学科相关的资源，以满足不同学习者的求知欲	1	
	18	能力训练	是否包含学习者对所学内容的能力训练	2	
	19	术语表	提供术语表导入到平台的数据库中，由平台管理并提供查询服务	1	
	20	题库	是否提供了足够数量的题库导入到平台的题库中，由平台管理	2	
开发技术（31 分）	21	开发标准	课件开发是否符合有关远程教育资源开发标准的要求	2	
	22	内容结构模块化	是否模块化开发，便于通用教学平台摘取模块知识点，方便教师对教学内容进行组装、搭配	3	
	23	内容与平台的耦合度	页面链接指针与平台不冲突；课件内容与通用平台密切配合；课件内部链接使用相对位置引用	2	
	24	文字	文字字体应当使用系统通用的字体，文字应足够大、足够清晰	1	
	25	页面布局	页面应满足 800×600 分辨率方便浏览的要求，并针对 1 024×768 分辨率的屏幕美化，页面篇幅适中	1	
	26	页面视觉效果	页面视觉效果好，符合美学及教育学要求	1	
	27	装饰图像	不宜使用全屏图像作背景，多采用色块配合小块修饰图像。用于页面装饰的图像色彩、数量处理恰当	1	
	28	图像压缩技术	不同类型的图像应当选择不同的格式。GIF，JPG，PNG 格式在特定场合下的选择是唯一的。图像压缩比选择合理	1	
	29	图像质量优化	图像在符合学科内容要求前提下经过了恰当的美化	1	
	30	配音参数	根据网络课程的使用场合、带宽要求，对配音的声道数、采样频率、输出带宽 3 个参数设置恰当	1	
	31	配音音效	配音的声音效果经过了恰当的编辑，如选择恰当的去噪声方法、信号电平强度及在整个课程各部分配音中信号电平强度的一致性	1	

续表

指标分类	指标编号	指标名称	指标内涵或要求	分值	自评分
开发技术（31分）	32	音色语感	配音音色清晰，具有感染力，配音语感具有教师语言的拟真性，能够营造虚拟的教师辅导语言环境	1	
	33	背景音乐	如果有必要设置背景音乐，应根据课件使用的网络带宽恰当选择背景音乐的声音格式、长度，音乐类型选择与教学内容协调	1	
	34	声音下载与播放	教学内容跳转时配音、背景音乐应当能够及时停止播放；不限制客户端播放插件的类型；提供控制按钮控制声音的播放/停止；默认不播放声音的网页播放以前不下载声音或在网页全部下载完毕才在后台下载	1	
	35	交互动画	交互动画界面直观，符合网页程序设计惯例；交互性好	2	
	36	视频质量	根据教学内容合理确定视频的分辨率，教师讲课录像不超过320×240；视频应当经过编辑改进质量；视频必须使用流行的压缩技术压缩，支持流式播放，支持浏览器端流行的媒体播放器	1	
	37	视频的播放效果	视频播放与否由学习者选择；不限制客户端播放插件的类型；提供播放控制按钮控制视频的播放/停止	1	
	38	流媒体同步	流媒体课件的内容解释、网页切换与视频同步	1	
	39	页面大小	一个页面各个元素包括文字、图像、动画结合起来数据大小不超过100 KB为最佳	1	
	40	超链接要求	页面上超链接应该明显、友好，鼠标热区符合通常习惯	1	
	41	浏览器插件与控件	客户端使用浏览器自带的播放插件。若必须安装专用插件或控件，应当能够自动下载、自动安装，插件应当免费提供给用户使用，符合版权要求	2	
	42	数据库	课件一般不必使用专用的数据源和运行在服务器端的专用控件，应当使用通用教学平台来管理教学过程。如果确因部分内容需要，可以使用文档型数据库，如Access	2	
	43	服务器运行平台	服务器端能够跨平台运行	1	
	44	客户端运行平台	客户端能够跨平台运行，支持瘦客户机、Windows终端	1	

续表

指标分类	指标编号	指标名称	指标内涵或要求	分值	自评分
教学设计（25 分）	45	需求分析设计	学习需求分析是教学设计的开端，学习需求分析的分析结果，论证了课件的必要性和可行性	2	
	46	学习目标	学习目标是教师和学习者活动的指南、出发点，学习目标的建立使学习者在不同层次（教学目标、技术、技能）上了解、掌握直至应用某类学习内容	2	
	47	学习者分析	对使用课件的对象的认知特征、知识背景、社会背景、初始能力进行关注和分析，结合目标分析的结果确定学习的起点	1	
	48	自主学习环境设计	是以“学”为中心的设计，学习者自由探索和自主学习，发挥学习者的主动性，体现学习者的创造精神。使学习者在真实和虚拟环境下利用已有知识去同化、顺应当前学到的知识，促进知识的意义建构，形成对问题的独特理解和认识	2	
	49	学习支持的设计	给学习者提供相关信息资源，提供学习支持的完善服务，保证学习的质量	2	
	50	交流的设计	交流是学习者和教师的一种联系、一种感情、一种彼此的关注，在教与学过程中的交流，使教学结果不是简单的、机械的知识传递过程。交流对意义建构有重要的影响，持续不断的交流保持学习者的兴趣和注意，促进彼此间的批判性学习，使问题得到及时的反馈	2	
	51	导航的设计	导航可以避免学习者偏离教学目标，引导学习者进行有效学习，提高学习效率；让学习者知道课件的整体框架、层次结构，标明各超媒体结构之间的关系	2	
	52	媒体的设计	根据教学要求和对不同媒体的表现特点进行一体化设计，对媒体组织、设计、开发、利用，优化教学结构，提高学习效率，促进学习者全面发展，达到最优化效果	2	
	53	兴趣和动机的设计	引起学习者的注意、兴趣，制定激励机制维持兴趣、动机，保证学习方向的良性发展	1	
	54	练习的设计	是否在每个知识点提供必要的练习，促进学习者对知识的理解、巩固和迁移	2	
	55	演示例子、范例	给学习者提供充分的演示例子、范例，促进学习者更好地理解和应用知识，让学习者在需要时即时得到启发	1	

续表

指标分类	指标编号	指标名称	指标内涵或要求	分值	自评分
教学设计（25分）	56	反馈和监控的设计	学习反馈可以调整教学进度，改进教学方式，及时修正教学，对学习者的问题进行针对性分析和解答。课件是否加强对教学过程的监控和反馈，网络学习应是受控的自主学习，不是放任的自主学习	2	
	57	界面和页面的设计	针对设计软件的内容和使用对象结合课程的具体情况，界面友好网页设计清楚、简洁，考虑整体布局、视觉平衡、页面尺寸、页面框架等因素进行设计	2	
	58	课件的更新和维护	给学习者提供每时每刻的最新内容，保证网站在运行中畅通无阻，各种双向交流能够顺利进行	1	
	59	学习评价设计	提供可靠有效的教师评价、自我评价、他人评价、机器评价	1	
其他方面（9分）	60	开发成本的可控性	开发工作投入的人力、设备等成本完全符合预算得满分	1	
	61	开发工作的效率	减少成本，提高效益，加强课件开发者之间的交流与协作，发挥各开发单位之间的人才优势，课件开发模块化，流水作业	1	
	62	使用价值	课件的经济价值和社会价值	1	
	63	性能价格比	从开发者的角度、使用者的角度看课件的性能价格比	1	
	64	人员结构	课件开发人员结构的合理性	1	
	65	标准性	统一课件制作标准，做好规划，分头设计，精心制作，资源共享，提高效益，降低成本，避免浪费	1	
	66	成果文档的完备性	课件最终成果文档完备，格式规范，符合出版要求	1	
	67	易于升级	课件易于升级	1	
	68	开发周期	课件开发周期短，时效性好	1	
合计				100	

注：本指标体系是研究项目之一，尚待完善，若需引用请注明来源。

教育部现代远程职业教育资源建设项目办公室

二〇〇二年十一月二十五日

能力要求

评价网络课件《音乐欣赏》并编写课件的修改意见

《音乐欣赏》课件是针对中等职业学校学生而开发的文化基础选修课程，目的是为了陶冶学生情操，发展学生的认知水平，培养学生的兴趣爱好，开发学生的潜能，提高学生的音乐欣赏能力和人文素养。审美性、开放性、愉悦性是它的特点。该课程已经完成了开发，需要对其进行评价验收。

此次评价属于总结性评价，根据课程特点，从教学设计、学习内容、使用性能和开发技术 4 个方面对其进行评价，并编写相应的修改意见。

工作程序

程序 1　对教学设计的评价

(1) 学习动机激励

【要求】简要说明并列举学生学习动机的方法、策略。

【评价】此网络课件每章都有学习指导，在学习指导中教师根据学习内容，采用不同的策略，如设置问题、情感激励等，引发学生学习兴趣，激发学习欲望和动机，从而巧妙地导入新课的学习。

【修改意见】不需要修改。

(2) 学习向导

【要求】列举课件中自学建议或指导的内容和呈现方式，若无自学建议，请说明。

【评价】此网络课件每一章的首页面都提供了“学习指导”，单击“学习指导”即可弹出针对本章内容的“学习建议”和“学习策略”窗口。“学习建议”是学习本章内容需要具备的基础知识的方法指导；“学习策略”是本章学习重点和学习方法的具体说明。

【修改意见】不需要修改。

(3) 组织结构

1) 课件的教学组织有利于学生学习

【要求】简要说明课件的组织结构，学生学习的内容安排顺序。

【评价】此网络课件的结构体系包括中外名歌、中外艺术歌曲、合唱、中国民族器乐曲、中外管弦乐曲、协奏曲、室内乐、交响曲、歌剧、舞剧、音乐剧、中外通俗音乐12个内容，课件体系较为全面，内容组织较为科学。

【修改意见】不需要修改。

2）本门课件的内在逻辑体系和学生的认知规律

【要求】说明课件的学科组织逻辑及所应用的心理学认识规律。

【评价】此网络课件以教学设计理论、人本主义学习理论、建构主义学习理论为指导，课件教学充分体现以教师为主导、学生为主体的教学思想。每章学习内容的安排由基本理论入手，内容组织先易后难，强调理论与实践相结合，注意研究欣赏案例的提供。

【修改意见】不需要修改。

（4）教学交互

1）人机交互活动

【要求】列举人机交互的活动方案设计，包括目的和主要形式。

【评价】此网络课件中的人机交互形式多样，且具有针对性，主要有以下的几种形式：

①在课件学习中对一些重难点或案例、网址都作了各种形式的链接，学生可以根据自己的需要和原有的知识水平，以随机进入的方式进行学习。

②此网络课件提供了不同形式的在线测试，测试系统可以提供及时反馈，学生可以根据测试结果有目的地选择学习内容，调整学习策略。

【修改意见】

①许多链接响应速度较慢，优化链接速度。

②为了让学员清晰地了解和掌握每章的知识点，设计检索功能，以方便学生学习。

③每章首页建议添加“返回主界面”链接，以便学生返回上层继续学习。

2）人与人交互活动设计

【要求】列举课件中人与人交互活动的设计方案。

【评价】此网络课件的“协作交流”模块是学习者协商讨论的自由空间。该模块为学员提供了意见上传的功能。

【修改意见】不需要修改。

（5）实践

【要求】简要说明课件中提供社会实践的内容、方法、过程和实践环境。

【评价】此网络课件中，在学完每章内容之后，都提供了一个综合实践活动，目的是为了学习者能将所学习的知识内容灵活迁移和运用到自己的教学实践中。每个综合实践的内容都要求学习者应用本章所学知识，结合自己的教学实际情况，利用本网络课件提供的研究工具进行与学科内容密切相关的研究和实践。

【修改意见】不需要修改。

程序 2　对教学内容的评价

（1）版权

【要求】检查课件内容，内容、素材和软件模块无侵权行为。

【评价】此网络课件大部分内容都由课题负责人撰写，少部分内容参考文献资料。参考的资料都具体标明了书名、作者、出版社和出版时间。此网络课件的研究工具由课题组成员自主研发。此网络课件使用的协作学习平台是由作者主持研制开发的。

【修改意见】不需要修改。

（2）知识点讲解

【要求】疑、难、关键知识点讲解透彻。

【评价】此网络课件对疑难和关键知识点的讲解主要采用案例教学法和任务驱动法。案例教学法能够使学习内容形象化、直观化、具体化，便于学习者更好地理解学习内容；任务驱动法是以任务为导向，学习者在完成任务的过程中掌握知识，锻炼能力，达到理论与实践有效相结合。

【修改意见】不需要修改。

（3）先进性

【要求】教学内容体现学科前沿。

【评价】此网络课件的内容，不论是计算机作为教学研究的刺激手段，还是计算机作为信息数据获取、处理、加工、存储、评价的手段，都体现了教育技术学科中计算机辅助教育领域研究的先进性。

【修改意见】不需要修改。

程序 3　对使用性能的评价

（1）学习记录

【要求】课件中记录学习者学习过程的方法与技术实现。

【评价】此网络课件对学习者学习过程的记录没有实现。

【修改意见】通过改变字体颜色来实现学习记录，具体做法是当学习者单击学习完的某一章节之后，其标题颜色会发生变化，表明已经学过该章或该节。

（2）插件

【要求】如带有课件运行时所需的且现行浏览器中不支持的附加插件，需要说明插件的名称、功能与安装要求。

【评价】此网络课件不需要特殊插件，无需提供。

【修改意见】不需要修改。

（3）可控性

【要求】学习者可以控制多媒体信息的呈现。

【评价】此网络课件提供了大量的多媒体信息供学习者浏览，学习者可以完全控制这些信息的播放、暂停和停止。

【修改意见】不需要修改。

程序 4　对开发技术的评价

（1）媒体选择有效性

【要求】各种媒体表现与学科专业内容有机结合。

【评价】此网络课件根据每章节学习内容的属性，合理地选择了文本、图形、图像、动画和视频信息等媒体信息。在讲解方法、步骤的内容时，多采用动画的形式；在讲解与情景有关的内容时，多采用视频图像的形式。

【修改意见】不需要修改。

（2）媒体使用的协调性

【要求】各种媒体使用协调。

【评价】此网络课件不单单是文本或文本加图片的单一的内容呈现方式，而是将各类媒体有机地结合起来。媒体的选取不是随心所欲，而是根据每个章节的学习要求、学习内容和媒体的特点进行合理地选取。

【修改意见】不需要修改。

程序 5　对文档资料的评价

【要求】提供学习辅导材料

【评价】此网络课件提供了各章内容的背景知识，便于学习者能更深入地理解和掌握学习内容。

【修改意见】不需要修改。

程序 6　修改意见汇总

（1）许多链接响应速度较慢，需优化链接速度。

（2）为了让学员清晰地了解和掌握每章的知识点，设计检索功能，以方便学生学习。

（3）每章首页建议添加“返回主界面”链接，以便学生返回上层继续学习。

（4）通过改变字体颜色来实现学习记录。

相关链接

根据教育部网络课件质量认证的要求，课件评价报告主要涉及的内容包括教学设计（含学习动机激励、学习向导、组织结构、教学交互、实践等）、教学内容（含版权、知识点讲解、先进性等）、可用性（含学习记录、插件、可控性等）、信息呈现（含媒体选择有效性等）、文档资料（含学习辅导材料等）等方面的举证材料和评价意见。

思　考　题

1. 结合所学过的知识，请简要叙述课件评价的基本内容。
2. 结合所学过的知识，请简要叙述课件评价指标的基本内容。
3. 结合所学过的知识，请简要叙述国内外常用的几种课件评价标准。
4. 选择一个课件，对其进行评价并编写相应的修改意见。

参考文献

1 何克抗，郑永柏，谢幼如．教学系统设计［M］．北京：北京师范大学出版社，2002

2 信息技术与教育技术编写组．信息技术与教育技术（下册）［M］．北京：中央广播电视大学出版社，2003

3 谢幼如，柯清超．网络课程的开发与应用［M］．北京：电子工业出版社，2005

4 程智．网络教育基础［M］．北京：人民邮电出版社，2002

5 唐清安．网络课程的设计与实践［M］．北京：人民邮电出版社，2003

6 谢百治，殷进功，祝文生．网络课程开发［M］．陕西：第四军医大学出版社，2004

7 杨宗凯．网络教育标准与技术［M］．北京：清华大学出版社，2003

8 谢幼如．多媒体教学软件设计［M］．北京：电子工业出版社，1999

9 白思俊．现代项目管理［M］．北京：机械工业出版社，2002

10 陈池波，崔元峰．项目管理［M］．武汉大学出版社，2006

11 池仁勇．项目管理［M］．北京：清华大学出版社，2004

12 赵春雷．项目管理［M］．北京：科学出版社，2006

13 Ronald J Norman 著．面向对象系统分析与设计［M］．周之英，肖奔放，柴洪钧译．北京：清华大学出版社，2000

14 Jack Gido 著．成功的项目管理［M］．张金成译．北京：机械工业出版社，2004

15 秦志华，张建军．PM——项目经理［M］．北京：中国人民大学出版社，2004

16 中蓝工作室．项目管理与 Microsoft Project 2002［M］．北京：科学出版社，2003

17 钱省三．项目管理［M］．上海：上海交通大学出版社，2006

18 赵建华，李克东．协作学习及其协作学习模式［J］．中国电化教育，2000（10）：21～28

19 赵呈领，万力勇．学习内容管理系统：e-Learning 的第二次革命［J］．电化教育研究，2005（7）：42～45

20 曲宏毅，韩锡斌，张明，等．网络教学平台的研究进展［J］．中国远程教育，2006（5）：55

21 周瑞．浅谈多媒体课件开发中构件复用技术［J］．安徽广播电视大学学报，2003（3）：92～94

22 张为，姚振坚，刘森．基于构件/构架的现代软件开发方法的研究［J］．航空计算技术，2003（2）：68～71